"Altheùs"

Collana di Studio e Lavoro pratico su di sé

Progetto editoriale
Hermes

Revisione
Yapos, Frey, Lem

Editing e grafica
Giulio Gigio Milano & Gruppo Altrove

Copertina
Hermes

Impaginazione
Maurizio Mioni

Stampa
Tipografia Valentini
Cadoneghe (Pd)

ISBN 978-88-85597-13-6

Prima edizione Novembre 2017

Sei Altrove Edizioni
Torreglia (Pd)
www.seialtrove.it

Un libro è un atto creativo che richiede numerose verifiche. L'esperienza insegna che è praticamente impossibile pubblicare un testo privo di errori. Siamo quindi grati ai lettori che vogliano segnalarceli.

Hermes

Sintesi e Frammenti di Pensiero Vivente

Metallurgia Metafisica

Tavole I - II - III - IV

Sei Altrove Edizioni

MMXVII

Prefazione

Io conosco Hermes.
Così come conosco i suoi ragazzi, anche se, definirli suoi, oggi dopo il lavoro fatto, è davvero riduttivo.
Ho visto, in pochi anni, divenire, sia un luogo che un gruppo di persone, unite inizialmente dalla difficoltà del vivere e poi cresciute nella bellezza del divenire.
Per cui sentirmi chiedere da Hermes "qualche riga", qualche mia riga sul "loro" lavoro, oggi diventato fonte bibliografica, subito mi ha fatto piacere, così come mi ha preoccupato.
Piacere perché frequentare Sei Altrove in questi anni mi ha consegnato, sempre, momenti di profonda condivisione, entusiasmi conoscitivi, volontà evolutive e fermi propositi costruttivi in divenire.
Il tutto fuso in un intenso piacere di stare accanto a persone che hanno dedicato tempo a essere sempre più umani, sempre più consci di se stessi.
Oggi a ripensarci devo ammettere che quel luogo, così desiderato e voluto da "loro", è stato ed è l'unico posto da me conosciuto dove è possibile... cambiare.
Tornando a sopra, preoccupato perché, sempre nel frequentare quei ragazzi, e quel ragazzo così cresciuto da essere in grado di condurli, ho sentito continuamente una mia, certa, inadeguatezza, che il mio vivere ancora non ha superato.
Sì, frequentare il mondo di Hermes, nonostante il mio potente scudo conoscitivo, temprato dall'Ottava, spesso mi ha fatto sentire i miei limiti, e altrettanto spesso mi ha fatto vedere come in Sei Altrove ormai da anni i limiti sono diventati potenzialità, oggi tradotte in una matura proposta bibliografica capace di modificare, in meglio, chi lo vuole davvero.

Quelle parole scambiate con "loro", quelle vite viste, quei sentimenti palesati, quelle fragilità condivise oggi sono diventate simboli, ricerca di leggi universali, capitoli, frasi, parole.
E questo condensato, il cui valore è dato dalla somma fatta da più vite, più desideri, più atti di comprensione, più fallimenti, più mete, più volontà, oggi a me sembra quasi incredibile che sia diventato leggibile, visto il suo fondamento sottile.
Ecco, pensandoci bene, Hermes e i suoi ragazzi, a cui mai ha concesso di essere suoi, sono per noi, per tutti noi, l'evento, il riferimento, la possibilità, mai fantasticata, di vedere l'umano, attraverso la sua ricerca, raggiungere la sua vera parte umana, tanto, tanto simile a quella divina.
Loro sono stati tutti insieme quel crogiolo di più vite, in cui lentamente, poi sempre più velocemente, tutto si è trasformato, ed oggi il vederli, il sentirli, il leggerli fa l'effetto di chi osserva dei pionieri coraggiosi che, invece di scoprire terre vergini, con tutti i loro pericoli e possibilità, hanno deciso di inoltrarsi, giorno dopo giorno, in se stessi, affrontando quei pericoli a volte insormontabili riposti nel profondo delle nostre anime, per avere finalmente una possibilità vera.
Quel cammino oggi è diventato strada scritta, leggibilissima, percorsa e ripercorsa mille volte da chi non ha avuto paura di vivere guardandosi dentro, cercando quella unica legge che rende tutti diversi e uguali, perché figli di quella stessa energia creante, che non ha bisogno di essere compresa, ma soltanto di essere sentita con chiarezza da quell'unica parte di noi che ha diritto e capacità di essere Qui e Altrove: il Cuore.

Grazie Hermes, grazie ragazzi.

Michele Proclamato

Introduzione

La collana che hai iniziato a leggere parla di una storia molto antica in cui per Tradizione gruppi di individui sentono un intimo bisogno di rivolgere la propria attenzione non più solo al mondo esterno, ma dentro se stessi.

Questi "trovatori" di Verità ad un certo punto del cammin di nostra Vita comprendono che ogni processo esteriore conduce verso un'insanabile dualità, un'eterna lotta tra bene e male che produce il mondo che oggi tutti sperimentiamo.

Costoro sono affamati di Verità, e la Verità non la cercano più nei testi sacri e nemmeno da eruditi insegnanti, benché questi strumenti siano utili passaggi. Costoro hanno smesso di guardare solo il mondo esterno e, grazie ad un Lavoro di Autoconoscenza, scelgono con coraggio di guardarsi dentro, e man mano che discendono le proprie viscere trovano la propria Essenza, trovano ciò che definiamo Dio.

Oggettivare con parole l'Essenza del Lavoro sviluppato in questi ultimi anni al *Centro Sperimentale di Pedagogia Evolutiva Sei Altrove* risulta assai difficile da rinchiudere nelle raccolte di cui è composta questa collana. Descrivere un lavoro di Autoconoscenza è sempre cosa assai ardua, poiché esperienze di questo tipo in linea indicativa possono essere descritte, ma il vero senso di un percorso Iniziatico matura in noi solo quando siamo concretamente in cammino sulla Via. La Vita stessa ci parla di questo Lavoro, ogni esperienza che assimiliamo è rivolta ad esso, ed è cosa certa che nasciamo solo per fare questo.

L'essere umano ridestato dal suo sonno verticale accede ad una Realtà in cui la separazione e la dualità in se stesso risultano essere materiale di studio, uno studio scientifico rivolto al perfezionamento di sé ed al disvelamento di quella Sacra Verità che determina ogni cosa.

Questa raccolta non si pone come scopo la trasmissione di una conoscenza o di un sapere, vani se non messi in pratica, ma in umiltà vuole essere una viva testimonianza che progredire ed evolvere è possibile.

Vuole essere un cartello stradale, uno strumento, un'indicazione utile per quanti hanno già intrapreso questo cammino che all'inizio si rivela spesso irto di limitazioni e difficoltà. Ecco, direi che questa collana, per il ricercatore di Verità, può rivelarsi uno strumento, un Ordine di aiuto, una possibilità concreta.

L'Educazione Integrale qui proposta è il risultato della dedizione, della perseveranza, del sacrificio e del dono di tutti quanti hanno contribuito con la propria essenza ed energia, facendo sì che questo Centro e questo Lavoro si rivelassero concreti e possibili.

I temi trattati in questa collana sono il risultato delle esperienze di un gruppo di impavidi individui, che per scelta hanno deciso di mettersi in gioco. Un gruppo di pionieri che man mano che proseguivano su questa via hanno potuto sperimentare sulla propria carne che la Fratellanza, la Bontà, la Bellezza e l'Amore per la Sacra Verità sono accessibili a chiunque si rivolga dentro se stesso. Io sono solo l'umile Strumento, Testimone e scriba di questo divino viaggio.

Nosce te ipsum

Gnõthi seautòn gridava scritto sulla pietra greca in tempi che furono; ecco, questo grido ancora echeggia in tutti coloro che sentono nelle profondità della propria essenza che è giunta l'ora di Essere, per mai più apparire. Buon Viaggio dunque.

Lux Radix

H.G.P.

Ignis
Renovatur
Naturam
Integritate

Questa raccolta è dedicata alla Madre Divina, che con la Sua soggiacente Grazia sostiene e vivifica il nostro comune Scopo.

Indicazioni per il Ricercatore

I volumi di questa collana sono le sintesi settimanali delle esperienze di Vita condivise dal Gruppo di Lavoro stabile del Centro Sperimentale di Pedagogia Evolutiva “Sei Altrove”. Sono epistole che racchiudono, spesso in estrema sintesi, le giornate vissute al Centro dai componenti del Gruppo che con il proprio contributo permettono di portare avanti un concreto e Reale Lavoro di sperimentazione e ricerca sui Misteri della natura umana. Sono dialoghi interiori che cercano di esprimere l’Essenza stessa di ogni acquisizione esperienziale maturata sul campo. Per poter rendere accessibili a tutti queste vive esperienze, le lettere sono state riviste e riadattate, lasciando inalterato il contenuto, per trasmettere in modo semplice e funzionale questa Scienza che non è mai confinata per un’elite di individui, essendo prerogativa e virtù di ogni Essere Umano. Col nostro Lavoro abbiamo dimostrato che questa via è percorribile da chiunque, senza limiti di età, sesso ed estrazione sociale.

Una Pedagogia Evolutiva si mostra e fa capolino in questo tempo di rinnovamento. L’unica azione richiesta a colui che è in cammino è aprirsi a questo flusso e lasciarsi trasportare dall’indomabile corrente.

Tavola I

Evoluzione della Cosxienza

Educazione Integrale

Lume I

Il Lavoro - Figlio e Maestro della Rosa

3 Luglio 2015

Cos'è un lavoro su di sè? Questo è un Lavoro di sintesi.
Fare una sintesi equivale a concretizzare gli eventi e le dinamiche che più hanno contraddistinto i movimenti sperimentati in questo scorcio temporale della tua Vita.
In sincerità, prova a Ricordare quanto fin'ora hai conosciuto di te poiché oggi tu sei la sintesi di questo Ricordo. Ricordarti di te è conoscerti. Questa è la base su cui radica e si sviluppa l'Educazione Integrale.

Introduzione all'Educazione Integrale

Lo Scopo di ogni uomo è di perfezionarsi e progredire: Evolvere.
L'animale umanoide, ciò che per convenzione definiamo uomo, non ha Scopo, vive la propria vita vittima degli eventi, sonnecchia e sogna fluendo nella ripetizione sistemica identificato nel ruolo che recita, non ha nessuna altra attenzione che non sia rivolta al piacere-felicità o al dispiacere-sofferenza. Un funzionamento meccanico dualizzato, accettato come unica realtà possibile, che informa e staticizza in serie masse incoscienti di animali pensanti che potremmo racchiudere in un modello: serie *Kakka-Evo.* Intinto nella menzogna il modello *Kakka-Evo* consuma la sua non vita oscillando tra idealizzazioni di successi e possibili fallimenti, misti di aspettativa e ansie da prestazione, intrisi nell'irriducibile senso di colpa, oscillando tra rimpianti e rancori passati o sogni e idealizzazioni future. In questi movimenti "temporali", vissuti tra passato che fu e futuri possi-

bili, la falsità e l'errore che ne derivano sono accettati e scambiati per conoscenza e ragione. Una sfocalizzazione compulsiva induce, meccanicamente e sensorialmente (centro istintivo-emotivo), in un costante senso di disagio, una cronica insoddisfazione, che crea un nemico inafferrabile esterno, sviluppa un'identità poggiata sulla paura e la rabbia, nutrendosi di prevaricazione o sottomissione. Questo meccanismo è basato su movimenti duali e competitivi dove vige un'unica legge: vinco o perdo, gioia o dolore, vivo o muoio; "mors tua vita mea".

Le religioni predicano il perdono e il peccato; le scienze ortodosse si affidano a modelli e teoremi fisici di trecento anni fa basati su due sole forze, elettromagnetismo e gravità, e le società dette moderne sono tifose e fautrici del debito pubblico e di un'interminabile lotta al nemico terrorista. Un teatro di dualità, di menzogne, di PAURA e di scarsità costante determina la compulsiva rigidità vitale, decretando ancora oggi quella compressione emotiva della sessualità (intesa come potere di creare e non come sesso), che inibisce totalmente la CREAZIONE e l'UNICITÀ UMANA. Una vita basata sul presunto sapere mentale determina l'errore, la menzogna e la falsità meccanica a cui il mondo delle masse, per credenza e ipocrisia, si assoggetta attraverso la scienza, le società e le religioni. Una divisione che impera creando non più esseri umani liberi ma umanoidi coltivati, tra l'altro senza alcuna identità, clonati in serie e regolamentati, attualmente, da sei modelli basici subcoscienti che funzionano, a parte qualche variante, tutti allo stesso modo. Schiere di bioschiavi simili a pile, batterie energetiche alcaline, usati per alimentare eggregore e artefici al di là della comune comprensione e della così decantata consapevolezza umana. E anche questa è evoluzione.

Nello stato attuale l'Unicità, la Spontaneità e la Sincerità divengono puro eufemismo. L'uomo comune è scisso e frammentato, smembrato, e senza uno STRUMENTO ADEGUATO non ha la minima possibilità di ergersi al Ruolo per cui nacque.

Il LAVORO proposto in questa collana, quale proposito *"ASPIRANTE"*, indirizza colui che si incammina sulla via della Rosa, arcaica via Iniziatica, alla Vera Conoscenza di Sé e volge lo sguardo verso una mente Superiore. Una Autoconoscenza per identità, diretta, interiore, profonda e INTUITIVA che se compresa, incarnata, risulta essere l'unica chiave possibile per evadere dalla psicoprigione neurale a cui per ignoranza siamo asserviti, tra l'altro non per scelta.
Una Vera Conoscenza che fa la differenza, non più basata sulla dualità dei fenomeni e dei movimenti ma che racchiude in LEGGI UNIVERSALI perfette un unico movimento che include e contiene sempre i doppi processi, sia di natura mentale fatti di pensieri e concetti, sia di natura vitale fatti di emozioni e sentimenti, sia di natura fisica fatti di istinti e pulsioni. Si necessita di approcciarsi alla vita con un rinnovato strumento. Un pensiero Retto e Amorevole è un pensiero sferico, "circolare", che utilizza come strumento una mente Superiore, Intuitiva, Ispirata e Rivelatrice che nell'Autodiscernimento tende sempre all'insieme, all'unità, all'Unione, all'Amore.

Una nuova Cosxienza che contempla e contiene questo inarrestabile processo EVOLUTIVO è già qui, un retto pensiero e un PURO sentimento sono già qui, una Pace e un'immobilità imperitura sono già qui, un'Aspirazione costante è già qui, ma dove qui?
Proprio dentro di TE.
L'evoluzione è già in te, è REMOTA, ed è solo la povera conoscenza di te, l'ignoranza in cui versi, che vela e limita ciò che da sempre già SEI.

L'entità della tua Essenza inizia a manifestarsi con una nuova disciplina, la quale permette una focalizzazione energetica propositiva verso lo Scopo, che inizialmente si rivela essere null'altro che l'Amore per te stesso. Creare il nuovo è divenirlo, esserlo, e non può essere solo idealizzato o pensato. Si necessita di comprendere sempre più e meglio questo passaggio, la tua nuova struttura va conosciuta, costruita, fabbricata, cesellata, forgiata.

E tu per identificarti in questo nuovo devi conoscerti, devi ESSERLO. Devi divenire il LAVORO stesso poiché hai compreso che sei schiavo e suddito delle tue credenze e che questa è l'unica Via verso la Libertà. Entra dentro te ora e naviga nel mentre, fluisci, contieni, alimenta, sii, divieni, poiché hai compreso e realizzato che il LAVORO SEI TU.

Uno strumento efficace è tale se offre una soluzione ai quesiti dell'esistenza. Un educatore, un maestro, guida o insegnante che sia, pone e offre la propria Saggezza e Visione, a Servizio di coloro che hanno sete e fame vera. Tuttavia anche colui che ha aperto il suo Cuore alla Verità è soggetto e limitato da Leggi ben precise che governano e guidano questo infinito movimento evolutivo.
Un educatore *educe*, e con l'esempio mostra che anche l'impossibile è possibile, ma non predica mai verità assolute, poiché la Verità, in sintesi, non è trasmissibile. La tua verità, la tua intima essenza quindi, la troverai solo dentro te stesso.

Diciamo di essere nel Lavoro
Non dare più nulla per scontato

Diciamo di essere nel Lavoro. Cosa significa? Il Lavoro è un'Energia Essenziale e particolare, sostenuta da una rinnovata volontà che può essere toccata ed utilizzata totalmente solo da una persona integra, da un Individuo. Questa corrente all'inizio consiste in un nuovo approccio di pensiero, segue poi un nuovo moto di sentimento coeso ad una rinnovata azione. In sintesi il Lavoro induce una sorta di inibizione della reazione meccanica con cui normalmente ci relazioniamo con la vita, producendo un'azione di qualità consapevole e disciplinata: una nuova padronanza. L'energia sviluppata passa dallo sperpero abitudinario ad essere veicolata in esperienze autentiche che con la pratica divengono spontanee e creanti. La vita di questo movimento dipende dalla capacità individuale di entrare in contatto con esso, e gli individui, singolarmente e collettivamente, sono responsabili di ciò che gli dà qualità, pulizia e lucidità.

Lavoro e Gruppo

Il singolo individuo, se già INTEGRATO INTERIORMENTE, può di certo sviluppare un mirabile Lavoro di manifestazione e creazione che incide sulla propria Realtà individuale, ma che energeticamente, all'inizio, risulta essere limitato dalle Realtà collettive. Dare uno slancio attivo che operi anche sull'aspetto "macro" collettivo richiede un Lavoro comune, una cooperazione di gruppo per generare qualcosa di più ampio: come una catena di Esseri che cercano di essere più Cosxienti i cui sforzi si assistono gli uni con gli altri. Ecco cosa è oggi il Centro di Pedagogia Evolutiva "Sei Altrove".

Ogni individuo che si unisce deve trovare il proprio posto, un RUOLO, un luogo dentro di Sé, stabilito in base all'utilità del momento. Poi, a seconda della sua Sostanza, del suo atteggiamento e delle sue azioni, o l'individuo mantiene e vivifica la catena di cui fa parte nel punto in cui funge da anello, oppure scompare e non vi partecipa più. Questo gruppo nell'integrazione costante sviluppa una nuova COSXIENZA, che determina tramite Leggi ben definite cosa è utile o meno al processo incessante che produce l'Evoluzione stessa tramite il perfezionamento. In questa fase del Lavoro si Autogenera un Ordine che manifesta, crea, informa e sostiene energeticamente il gruppo ed il Lavoro stesso.

L'Azione della Forza

La Forza della Vita è sempre qui, con la sua continua azione su di me. Anche la Forza Superiore è qui, ma non sono pronto a RICEVERLA. È

difficile per me sostenere da solo lo sforzo necessario ad avere l'intensità richiesta dai diversi centri. Per questo è necessario il gruppo: serve un Lavoro comune per arrivare insieme a un'intensità maggiore che sostenga lo sforzo congiunto e non dia più niente per scontato. La concentrazione e la coalizione energetica, tramite la focalizzazione del Lavoro di un certo numero di esseri rivolti ad un livello Superiore di Cosxienza, produce una vibrazione comune che è Unione.
Una Comunione che è Bellezza senza attributi.
La Vita che scaturisce da questa vibrazione può essere un centro di attrazione, un potente magnete che trascina gli altri nel suo movimento. È la Forza dei monasteri e delle chiese, dei templi e dei luoghi sacri, dei centri di Forza del pianeta.

ALTROVE di fatto è un centro di Forza, è THELESMA, una concentrazione di propositi e di forze emanate dall'AMORE IMMANENTE della MADRE DIVINA. Ecco perché la Via della Rosa è qui...

Più la concentrazione è Cosxiente, più grande è la Forza di attrazione. Ma nel gruppo, così come in se stessi, gli elementi che partecipano a questa concentrazione devono essere di una qualità tale da giungere a un certo equilibrio, altrimenti il centro e la densità saranno deboli e sarà debole la risonanza del processo unificatore. Un magnete di piccole dimensioni, si sa, attira piccoli oggetti.
Ogni azione compiuta in nome del Lavoro aggiunge o elimina una possibilità per l'impresa comune. Essere in relazione col Lavoro significa essere in relazione INNANZITUTTO con se stessi e con coloro che si sentono responsabili nei confronti del Lavoro stesso.
Questa relazione porta con sé una condizione, un obbligo.
Il primo passo è riconoscere che non vi è al momento alcuna relazione Cosxiente tra di noi e che forse è ora di andare verso essa. Se non riusciamo a relazionarci consapevolmente non ci sarà alcun Lavoro. Ogni passo che facciamo adesso, seppur piccolo, rafforzerà la nostra relazione o ci

porterà nella direzione opposta; tutto è una possibilità, nulla può essere escluso. Fino a oggi abbiamo raccolto i frutti degli sforzi e dell'energia di coloro che sono venuti prima di noi.
Ora la vita del Lavoro dipende da noi tutti. Il Lavoro non vive senza di noi, senza la nostra condivisione della RESPONSABILITÀ. Ciò richiede una resa costituente, un Dono autentico, un impegno più ampio, ciò richiede tutta la nostra intelligenza e tutta la nostra Buona Volontà, ciò richiede incondizionatamente tutto il nostro AMORE. Il Lavoro può avere il suo ruolo nel mondo se solo si comprende per davvero cos'è la Via della Rosa. Un processo costituente, una necessità questa che corrisponde allo stato delle attuali esperienze che viviamo qui al Centro Altrove.

Incontreremo resistenza, opposizione interna ed esterna, ma ne abbiamo bisogno, ci permette di crescere e di forgiarci. Questa resistenza ci può aiutare a trovare il nostro posto nel mondo, la nostra responsabilità, a volte nell'accordo, altre volte senza alcuna relazione. Tutto dipende sia da un movimento Essenziale in un certo numero di persone, un movimento creativo al proprio interno che apra nuove possibilità, sia da un altro movimento che permetta uno scambio con un gruppo più ampio. Il messaggio che si sposta, i petali del Centro che volano portando col vento nuovi semi generanti, chissà. La Forza e la qualità dell'ORDINE che chiamiamo "il Lavoro" dipenderà da ciò che possiamo vivere sperimentando e ancor più da quanto siamo in grado di accogliere e RICEVERE.

Perché un Gruppo di Lavoro fa la differenza

Perché lavoriamo insieme? Sentiamo che se non partecipiamo a certe condizioni saremo presi dalle abitudini e dalle circostanze meccaniche della Vita, e in esse perderemo poiché veniamo assorbiti dai mondi di superficie. Forse qui, insieme, sarà possibile sperimentare condizioni in cui potrà apparire in noi e attorno a noi un'energia Superiore che ci preservi e

disciplini. Insieme, allora ci assumeremo la Responsabilità di servirla e far sì che questo seme sbocci e generi nel mondo.
Dobbiamo comprendere la necessità di lavorare con gli altri, e che gli altri sono necessari per noi quanto l'Insegnamento stesso.
Nei momenti difficili si pensa che sarebbe più facile lavorare da soli, non con tutte queste persone intorno, non in queste condizioni. Questo pensiero dimostra una totale mancanza di comprensione della nostra Via, e afferma ancora quel bisogno di veder liberare noi stessi dall'ostinazione, che non ha niente a che fare con la vera volontà di andare oltre i limiti e le difficoltà; pensieri, soliti pensieri erranti. Necessitiamo di uscire dall'angusto cerchio di pensieri e sentimenti in cui siamo attualmente rinchiusi. Utile fuggire dai vecchi schemi, dai mille COMPROMESSI, per avere la possibilità di avvicinarci a un altro mondo e di esistere in modo differente. A questo scopo, sono necessari degli sforzi che maturano, nel lasciare andare il vecchio, morendo Cosxientemente, nuovi compromessi.
Ci raggruppiamo perché ognuno di noi sente la necessità di diventare innanzitutto consapevole di sé.
Finché sono quel che sono (cioè penso come penso e sento come sento) non conoscerò niente di Vero, niente di Reale. Devo diventare consapevole del mio modo di pensare e sentire, che condiziona tutte le mie azioni. DEVO CONOSCERMI. DEVO COMPRENDERE COME FUNZIONO. Questo è lo sforzo che da alcuni anni mi prodigo "venticinque" ore al giorno di FARE: educarmi a CONOSCERMI.
Ricordate che solo la percezione della Verità unisce.
Il vero Lavoro insieme, la cooperazione, deriva da una Conoscenza comune della Verità, dal fatto che ognuno di noi vede la Verità e sente la necessità di metterla in azione con gli altri. La base del Lavoro non consiste in un approccio speciale, in un metodo speciale o in condizioni speciali.
Risiede prima di tutto nell'aprirsi a un altro Ordine in se stessi e negli altri.
La Vita ad ALTROVE è Relazione e Lavoro comune, cooperazione, vedere le cose insieme, sentire insieme, vivere insieme, amare insieme, soffrire

insieme, esistere insieme. Questa Relazione richiede la stessa intensità allo stesso livello e nello stesso momento, altrimenti non è "insieme".
Ognuno di noi fondamentalmente è solo e nel proprio sé è utile che sia solo: solo, di fronte alla comprensione, di fronte alla chiamata del Divino e alla Realtà della propria persona umana, con i mille e mille difetti e limitazioni.

Questa consapevolezza, che è accettazione, apre al vero Lavoro, apre le porte alle Virtù e ai talenti che, oltre il velo dell'ignoranza, già siamo.
Entro in relazione con gli altri quando comincio a riconoscere la mia natura Originaria e a vedere che tutti abbiamo la stessa difficoltà e che siamo qui uniti per comprenderla e trasformarla con tutto il nostro Essere.
Il mio Lavoro è speculare e spesso identico a quello dell'altro. Questo reca un'energia particolare, che permette l'azione di una natura più raffinata, più sottile, più PURA. La Purezza, come un magnete, ha il potere di chiamare e attrarre irresistibilmente; è una Legge.
Questo rappresenta una Relazione autentica, questo è il vero aiuto che possiamo dare gli uni agli altri. È l'unico aiuto, l'unica vera Relazione: SOSTENERCI, ACCETTARCI, AMARCI.
Ogni altra relazione, se non autentica, come visto migliaia di volte, delude e si esaurisce. Ma questa Relazione deve essere accettata e mantenuta nella sua profonda Autenticità. Richiede sincerità e rigore e severità, in ogni istante. Ognuno dipende dagli altri ed è responsabile degli altri. Una persona porta il frutto del proprio Lavoro e gli altri ne ricevono l'aiuto: un'altra persona porta una certa dose di inerzia e opposizione e il gruppo viene spinto in un'altra direzione. Forse io comprendo lo sforzo meno degli altri, qualcun altro invece annaspa più degli altri, ma non importa: TUTTO È UTILE E CREANTE IN UN ORGANISMO.
Riconosciamo la direzione comune in cui andiamo e allora tutto è SEMPLICE e PULITO. A un livello più profondo il Lavoro con gli altri è una condizione per vivere questo insegnamento, per mettere in scena l'eredità animica che altri prima di noi ci hanno lasciato con il proprio sforzo,

il proprio Dono e il proprio LAVORO. La Via verso la Rinascita Interiore richiede DISCIPLINA e vigilanza, innanzitutto per contrastare la viscida menzogna insita nell'affermazione di se stessi. Non ci devono e non possono esserci compromessi con la Verità.
Ecco perché la condizione più importante, la condizione necessaria, è lavorare con individui che hanno maturato esperienza e comprensione, che siano capaci di capovolgere la scala di valori completamente falsa stabilita dalla personalità di superficie.
Abbiamo bisogno di vedere l'origine dei limiti che ci autoimponiamo e che al centro di tutto c'è questa mostruosa proliferazione di vanità ed egoismo, di amor proprio, di orgoglio, di invidia, di ingordigia, di vendette trasversali, di autoannullamento, di schiavitù sistemica che spesso prende tutto lo spazio e sperpera l'energia che abbiamo a disposizione.
Molti di noi stanno lavorando sull'Umiltà. Lavorare insieme sinceramente significa prendere contatto e comprendere anche la nostra nullità e in cosa consista una vera relazione umana basata, in assenza di orgoglio e di amor proprio, proprio sull'UMILTÀ.

E allora, sii semplice e felice come un bambino che esplora il mondo, poiché nel gioco della vita tu sei Figlio e Maestro della ROSA.
Sii umile e fiero come un eroe, poiché tutto è già qui, dentro te.

Che il Lavoro sia dunque faro e Luce in ognuno di voi, poiché questo è il tempo del rinnovamento, questo è il tempo della ROSA.

Ricorda, il Lavoro sei Tu.
Ho detto

Lux Radix

Lume II

Altrove: il Gruppo di Lavoro

17 Luglio 2015

Stiamo naturalmente parlando di un Gruppo formato per lavorare su di sé, che contempla e accetta le diversità delle masse ma non sta al livello della Vita ordinaria delle stesse. La vita ordinaria d'altro canto non contempla un gruppo come il nostro perché diverso, poiché il livello di Cosxienza che sperimenta è dettato dalla schiavitù psichica insita nella condizione di paura a cui per ignoranza si asserve e che definisce la "normalità" della vita.

Sicché, un Gruppo come il nostro è animato da pensieri diversi da quelli di chi sopravvive nell'ordinarietà "normale" della vita di superficie e soprattutto da sentimenti diversi, e la sua Esistenza deve essere segnata da eventi essenzialmente diversi da quelli ordinari.

Il primo Atto creante di questo evento è la ricerca attiva e impegnata da parte di tutti i componenti del gruppo che, simili alle "cellule" di un ORGANISMO, creano un centro di gravità che sostiene un'attiva vigilanza al proprio interno.
Se nella tua costante frammentazione e scissione vuoi creare un Reale Centro, per essere qualcosa di diverso da ciò che sei oggi, devi Fare e pensare qualcosa di nuovo, fluire in nuove Regole. Un'attenzione particolare, una focalizzazione comune, se centrata, può essere portata in diverse direzioni, ma non disperde mai l'energia prodotta, poiché torna sempre al centro. Quando ci disperdiamo non possiamo imparare nulla di nuovo, restiamo nel conosciuto.

Questo è il "vecchio uomo normale", la persona ordinaria, l'automa biomeccanico, l'umanoide ignorante che pretende di sapere, che balbetta parole inutili riguardo a idee, flussi di pensiero non suoi che crede di aver capito e fatto propri.
Colui la cui attenzione è centrata cerca di esprimere solo l'essenziale riguardo alla propria ricerca, all'indagine e alle proprie osservazioni. È diverso, è un "uomo nuovo", poiché non usa più la razionalizzazione e la discorsività, ma sviluppa ragione, intuito e discernimento.

Facciamo parte di un Gruppo perché una certa qualità in noi stessi RICORDA uno stato in cui poter sperimentare qualcosa di nuovo. Abbiamo bisogno di influenze Superiori, che sono inaccessibili quando lavoriamo da soli coi mezzi ordinari. Senza il Gruppo non possiamo arrivare all'intensità necessaria. Il Gruppo è dunque una condizione particolare di scambio e una sorta di canale che tramite le dovute "CONDENSAZIONI" può rivelare ed accedere a influenze più alte, idee rivelatrici ed ispirate provenienti da un più alto livello di Cosxienza. Ma per questo necessitiamo di essere pienamente Presenti e recettivi. Riceviamo ed usiamo queste "idee" esattamente nella misura in cui siamo Presenti.
Qual è allora la nostra Responsabilità? Abbiamo una condizione, un obbligo da condividere e dobbiamo accettare di aiutarci l'un l'altro a recitare questo ruolo nel Gruppo, ognuno come meglio può e in virtù della Sostanza che ha ora, in modo che sia la Cosxienza, la misura della nostra Reale consapevolezza, a determinare tutto ciò che facciamo. Ci affidiamo al Flusso, al Codice della Vita, alla realtà dell'Essere che dimora in noi. Diventando consapevoli di noi come Gruppo sperimentiamo la Verità del Lavoro.
Non va bene che io faccia solo quello che voglio a modo mio, nel modo che conosco, credendo di essere indipendente, rifiutando di mettermi in discussione e di essere messo alla prova: questo dimostra che sono incapace di confrontarmi e di relazionarmi col Lavoro degli altri, significa che il mio Lavoro è bloccato dalla mia stessa paura. Se il Gruppo non diven-

ta Cosxiente di sé come Gruppo non può conoscere il suo posto e i suoi obblighi nel Lavoro. Non può Servire, non può recitare il suo Atto creante nel Lavoro.

Il Gruppo, il fatto di essere insieme, crea una possibilità di Cosxienza Evoluta. Ciò che intraprendiamo, ciò che diamo, è sempre più importante di quello che desideriamo prendere.
Noi saremo ricordati per ciò che abbiamo offerto e donato, non per quanto abbiamo preso e ottenuto.
Ogni volta che la possibilità si rinnova, abbiamo l'opportunità di impegnare la nostra attenzione e di Servire. Questa possibilità è qualcosa di grande che dobbiamo sforzarci di mantenere. Dobbiamo valutarla come preziosa, sacra, poiché non sono solo nel mio Lavoro ma ho la possibilità di essere simultaneamente nel Lavoro degli altri. Quando decido qualcosa per me stesso devo sentire di appartenere al Gruppo, al Centro, alla Casa. La sua Vita è più grande della mia e rappresenta qualcosa di più sulla scala dell'Essere; posso solo divenire strumento di questa Unità. Ho bisogno di chiedere, di parlare, di dialogare, di ascoltare, di Fare, di Essere un tutt'uno, di essere Essenziale.

Essere Essenziali

Quando si inizia un percorso di Risveglio e si comincia a Lavorare realmente su di sé, si è sempre molto lontani dall'Essenziale. Anche se ripetiamo che capiamo e ripetiamo di aver compreso, dobbiamo tenere ben presente il significato di quello che stiamo facendo, del perché del nostro Lavoro e della nostra Presenza. Non dovremmo mai dimenticarlo, eppure, come avete più volte sperimentato, lo dimentichiamo continuamente. Perdiamo il significato e siamo costretti a tornare indietro. Non dobbiamo fingere o dare per scontato che il significato sia stato compreso. Non è vero. Questo movimento è sconosciuto alla natura ordinaria dell'uomo

comune, non lo contempla ed è per questo che tende a non registrarlo ogni volta che entra in contatto con l'esperienza. Ogni volta che ci incontriamo, il significato deve essere rinnovato per ognuno, tutte le volte. Ogni incontro deve essere un momento di profonda indagine.
Se non so da me cosa sto facendo, che la POSTA in gioco è il contatto con la REALTÀ, con l'AMORE di me, ogni volta succederà qualcosa di diverso che va nella direzione opposta e mi riporta nella mia pochezza e nella mia illusione di superficie; bisogni, mancanze, umori deleteri, stanchezza, svogliatezza e paura si impossessano di me portandomi via dall'indagine.
Ecco perché il mio sforzo deve essere chiaro, deve essere chiaro quello che sto sviluppando e perché lo sto facendo; è la mia LIBERTÀ che metto in gioco ogni volta che mi relaziono con l'illusione che ho di me. Ognuno, insieme agli altri, deve fare in modo che questa Presenza appaia al proprio interno contemporaneamente agli altri, quantomeno provarci. Quando ci riuniamo in gruppo entriamo nella sacralità di ciò che facciamo. Siamo responsabili. Questa Presenza deve diventare una Realtà, la nostra connessione comune al di sopra della sfera personale, un Ordine, una Realtà che serviamo e a cui obbediamo e ci sottomettiamo per scelta.

La Vita di un gruppo dipende dal nostro stato e dalle nostre domande, dal nostro comune chiedere, dall'invocare la nostra DIVINITÀ INTERIORE.
Possiamo chiedere tutto quello che vogliamo riguardo al Lavoro. Quali sono ora le mie difficoltà? Cosa ho bisogno di capire che mi limita, cosa desidero sapere che mi incuriosisce? Di cosa mi sembra importante parlare nel mio Lavoro che ancora non colgo? Quando ci riuniamo devo essere pronto a parlare, a chiedere, ad ESPRIMERMI. Devo centrarmi sul Lavoro e non arrivare agli incontri in uno stato passivo. Se arrivo senza essere preparato, svogliato, appesantito, di cattivo umore, non ha molto senso poiché rischio di appesantire anche gli altri. Se non c'è uno Scopo definito, che è sempre e solo la nostra intima LIBERTÀ, non abbiamo

nulla di cui parlare. Come possiamo avere uno scambio se non siamo desti? Interrogatevi e rispondetevi da soli, risulta impossibile.
Questi movimenti sono continui stati di elaborazione, flussi magici che attendono di essere trasformati, e questo è un LAVORO che richiede il giusto tempo, poiché pian piano che si cammina sulla Via si comprende che è il Corpo, la Cosxienza di questo Corpo, che al fine va subliminata e trasmutata.
Ho detto

Lux Radix

Lume III

Fiamme e Bracieri

19 Luglio 2015

Una settimana, questa appena trascorsa, che ci pone verso un attento ascolto. Tutti insieme abbiamo contribuito a costruire le basi invisibili per questo imminente transito che a breve saremo chiamati a percorrere. Ognuno di noi ha potuto toccare con mano quanta necessità ci sia di creare, tramite una Vera Conoscenza, un accesso stabile a questo nuovo Ordine che già informa, sostiene e trasforma le sostanze recettive e pronte di ogni membro di quest'Organismo.
Un Laboratorio organico è ben oltre l'immaginazione e il sapere, qui ad Altrove si gioca in ogni istante il gioco della Vita che nel suo incessante movimento di morte e rinascita si autoricrea e autodetermina in nuova VITA: la Vita REALE.
Come si è visto, nonostante i lavori e le precisazioni costanti sullo sviluppo di questa Forza avversa di natura vitale presente nel gruppo, siamo arrivati ad impattare contro un muro di ignoranza che ha determinato di fatto una rivisitazione degli equilibri. L'equanimità di cui vi parlo è necessaria per attraversare questo periodo di oscillazioni che, nonostante le soggettive esperienze, resta una possibilità di crescita e un'opportunità di approfondimento della vera natura della mente sensoriale (mente meccanica-nervosa), che in uno stato di pacificazione si schiera producendo un reale allargamento. Questo processo è di vitale importanza per il Centro, per lo Scopo congiunto e anche per gli sviluppi relativi alla possibilità del concretizzarsi della Schola Ermetica.
Ma a cosa dobbiamo porre attenzione in ciò che ci accingiamo insieme ad esperire?

Alla natura di superficie (personalità) con i suoi sensi limitati, la Cosxienza appare sempre separata e divisa. L'idea di separazione o per meglio dire l'IDEA che l'EGO ha di separazione è fortemente radicata in noi. Il limite, l'incapacità, l'insofferenza, l'indolenza, la prepotenza, l'arroganza, l'invadenza, la presunzione e l'orgoglio quando li sperimentiamo di fatto, se non vigili, li diventiamo e di riflesso, come in una malia, li subiamo restandone fascinati, suggestionati e "informati". L'insieme di questi movimenti, che ognuno di noi porta dentro come eredità e memoria, tradotti sono ciò che definiamo "carattere" e "personalità": ma come vi ripeto spesso VOI NON SIETE L'IDEA CHE AVETE DI VOI STESSI.
Esiste in ogni individuo una natura di superficie, una personalità di facciata che chiamiamo con nome e cognome, che si esprime per identificazione attraverso il funzionamento della mente ordinaria (pensiero) che, al pari di un automatismo, concettualizza ed elabora memorie, associazioni, informazioni, che nel tempo hanno strutturato tutte le cose che crediamo vere e a cui ci orientiamo e ci "assoggettiamo" quando sperimentiamo una qualsiasi esperienza. In sintesi ogni esperienza viene vissuta in virtù di cosa credo vero, di cosa mi piace, di cosa credo di aver bisogno per essere felice e di come sono abituato tramite tutte queste cose a pormi verso gli altri e la Vita. Questo è ciò che ognuno di voi, se ancora versa nell'ignoranza, conosce di sé.
Quando usciamo dal conosciuto, quando ci incamminiamo su sentieri dove perdiamo i normali e abitudinari punti di riferimento, quando viene meno la nostra pseudo-sicurezza, il nostro io di superficie per paura di ciò che non conosce, del nuovo, adotta e attua tutte le strategie per poter mantenere ben salde le proprie convinzioni, per rimanere fedele ai punti di vista, alle opinioni e a tutti quei credi e dogmi con cui si identifica, in cui sente di esistere e a cui per ignoranza, per rigor di logica e per lealtà familiare, è legato.
In questi movimenti si innescano interminabili SUGGESTIONI che, simili a un martello pneumatico, sfociano nel dubbio e nell'insicurezza. Identificati in questi "modi di essere", si ha la sensazione di essere attac-

cati e sopraffatti, di essere giudicati e non riconosciuti, la paura prende la forma della pochezza e della ristrettezza creando di norma una chiusura totale all'esperienza.

Dubbi e Suggestioni

Nella mente ordinaria la Suggestione porta la maschera del DUBBIO. Il dubbio vi assale, vi tormenta, vi sfibra ed esaurisce. Non v'è dubbio senza una costante presenza, un'"essenza", che lo renda apparentemente personificato come un soggetto in carne ed ossa che ci parla, consiglia e pungola continuamente con i suoi argomenti, le sue domande, le sue inquietudini e incertezze. Il DUBBIO richiama a sé altri dubbi e questi altri ancora e ancora come in una spirale infinita: un rumore, un brusio, una cacofonia di sottofondo che ci offusca di nero fumo. È come un lupo che crea il proprio branco per meglio aggredire e garantirsi il pasto, sempre in agguato, famelico, ingordo e vorace. Ogni formazione psichica che induce dubbio vi indebolisce, vi rende insicuri, incerti, inconcludenti, vi mangia energeticamente; in sostanza vi fa sentire non all'altezza della situazione, dei "falliti". È un po' come con le droghe, ogni nuova dose fortifica l'abitudine e mina la sicurezza e la fiducia in sé. Così è per l'alcool, il sesso, il denaro, il potere. L'ABITUDINE, la ripetizione inconsapevole e meccanica e ancor di più la vostra LEGITTIMAZIONE sono la causa del loro ripetersi, del loro imporsi su di voi. Il DUBBIO, come la ruggine, attacca la vostra Sostanza mentale, rendendola debole e fragile... la trama della Sostanza mentale si opacizza e la vostra lucidità diminuisce: è la confusione.

Il DUBBIO, ricorda, necessita di un interlocutore che gli dia corrispondenza, ha bisogno sempre di un qualcosa o un qualcuno che discuta e si confronti con esso. Vi ammalia col suo convincimento solleticando e suggestionando la vostra intelligenza affinché lo si ritenga utile al processo di

apprendimento e di crescita. Vi convince che senza di lui non si può realmente crescere, che senza dubitare la ragione non può espletare pienamente la sua funzione. Cosa c'è di più stimolante che interrogare e confrontarsi con il proprio orgoglio mentale? Che cosa c'è di più appetibile e gustoso per il SAPERE umano che "filosofare" fra sé e sé, sollazzandosi sulla giostra chiassosa del dubbio? Il DUBBIO non ti fa solo dubitare indebolendo la tua sicurezza ma è anche il banco di prova per la tua Fede, per i tuoi intimi convincimenti, per i tuoi sentimenti profondi. È la sentinella che fa la guardia alla tua SINCERITÀ. Il dubbio è un ESAME da superare; è un elemento da vincere con la CALMA dei nervi e il SILENZIO mentale. Il DUBBIO va esposto alla Luce di una Conoscenza Superiore, va trasformato con la CERTEZZA e l'ASSOLUTEZZA dei piani più alti della mente o riassorbito con la FEDE che sgorga dal Cuore. Vincere il Dubbio è conquistare la SICUREZZA di Sé. Tuttavia senza certezze e senza sicurezze, in mancanza di Fede, spesso vi affidate alle variegate voci che si affollano nella vostra testa che vi suggeriscono in modo distorto e compulsivo che non siete capiti, che siete incompresi, che non è mai abbastanza, che siete deboli e vi fanno vedere sempre un nemico che cerca di padroneggiarvi e schiavizzarvi. Questo nemico è il tuo sfidante, è il tuo carnefice interiore, è la tua ignoranza.
COMPULSIONI mentali che creano ansia, si nutrono dei vostri timori, delle vostre paure e che credete essere "i vostri pensieri e le vostre verità". Ciò che è dentro spesso lotta per emergere nel mondo di superficie: tutto suggerisce, spinge, forza per essere ed apparire in superficie, nel mondo materiale, fisico, concreto. Viste in una Luce più ampia questi processi sono non limiti o difficoltà ma squisite opportunità di crescita e progresso.

Tutto ciò che portate dentro preme per esprimersi. Ci sono numerosi "SUGGERITORI" che inducono a parlare, a dire un'infinità di cose, per lo più senza un reale senso, spesso solo sciocchezze. Pensieri d'ogni genere e specie, emozioni, sentimenti, paure, timori, ansie, velleità, brame, appetiti e tanto altro sono stipati in voi come elefanti che corrono verso il portale della vostra espressione, della parola. Ed ecco che iniziano fantomatici discorsi, teoremi, scuse, risposte inadeguate dettate dall'ignoranza e dalla paura di essere non capiti o di non essere all'altezza. *Tutto può uscire dalla tua bocca se non c'è controllo cosxiente.* Ogni sproposito esce dalla tua espressione verbale senza un reale controllo su di te. Le corde vocali possono essere mosse non solo da parolacce e imprecazioni, ma anche dall'acidità della collera, dal sapore della vendetta, dalla pungente calunnia e dall'odio maleodorante. Ogni aggregato (istinti, pulsioni, desideri, volontà, sentimenti) può usare la PAROLA per i propri fini. Siamo spinti a parlare, siamo suggestionati a chiarire, a giustificare, a spiegare, a sapere, a predicare, a convincere, ecc., dimenticando che: LA PAROLA HA UN GRAN POTERE SULLA MATERIA, E SOPRATTUTTO SUL CORPO. Sicché ad ogni interazione e sviluppo di questo processo espressivo vi ritroverete inquinati e avvelenati dalle vostre stesse idee, credi, punti di vista spesso racchiusi in vere e proprie elucubrazioni mentali. Solo la SINCERITÀ della nostra Aspirazione può sostituire la PAROLA col VERBO; il Verbo crea, materializza. La parola distorce, avvelena, inquina e falsifica.

LA SINCERITÀ VERSO TE STESSO È AMORE E PUREZZA, È UN FUOCO CHE ARDE E TRASFORMA, UN FUOCO CHE SI AUTODETERMINA PER FARTI SUPERARE, PERFEZIONARE ED EVOLVERE. LA SINCERITÀ È IL TUO FUOCO.

Troppe volte diciamo, pensiamo, programmiamo, riproponiamo, forse è giunta l'ora di parlare meno e di FARE di più.

Nell'attimo in cui FATE davvero, non siete più come una piccola fiamma ma divenite un braciere.

Provate ad immaginare di accendere una candela: il minimo soffio può spegnerne la fiammella. Ma accendete un braciere, e i venti più impetuosi non faranno che attizzarlo. E voi, allora? Se non siete che una piccola fiamma, il più leggero soffio vi spegnerà, ma se siete un braciere, più il vento soffierà forte e più il vostro FUOCO divamperà. Sì, finché siete

pochi, insicuri, timorosi, deboli, gracili, dubbiosi, orgogliosi, finché non vi siete ancora fortificati, la minima prova può farvi soccombere. Ma se siete immobili, saldi e resistenti, tutte le difficoltà non faranno che aumentare il vostro dinamismo, la vostra Volontà e il vostro Amore.
Quante volte lo si è visto qui ad Altrove!
Alla minima contrarietà e opposizione, i deboli si scoraggiano, abbandonano, capitolano, mentre i forti si esaltano, si forgiano e sono ancora più decisi a continuare e ad affrontare gli ostacoli. Allora, non chiedetemi adesso di dirvi cosa siete. Guardatevi in umiltà, potete scoprirlo da voi stessi: se venite bloccati dai dubbi e dalle minime difficoltà della Vita, ancora non siete che la piccola fiamma di una candela.
Ci viene richiesto di restare concentrati nel nostro ruolo, di Fare ciò che abbiamo scelto liberamente, e assumerci sempre più e meglio la RESPONSABILITÀ della nostra Vita, della nostra LIBERTÀ.
Ho detto

Lux Radix

Lume IV

Velleità travestite da Volontà

2 Agosto 2015

Settimana vissuta all'insegna di due contrapposte prospettive racchiuse in un unico movimento: "la Buona e la cattiva Volontà".
Grazie ai processi e alle correzioni sviluppati in questa settimana appena terminata, il gruppo ha vissuto un saliscendi che ha manifestato un'oscillazione vitale sperimentata da tutti nel Lavoro congiunto. Risulta sempre utile guardare in faccia la propria impotenza, il non sentirsi all'altezza, il non stimarsi, il non sentirsi accettati perché al fine siamo qui proprio per questo: vedere i nostri limiti e SUPERARLI.
Dietro queste manifestazioni, se attenti, soggiace velato un forte proposito di superamento. Tuttavia, il limite che alcuni di noi hanno vissuto è stato caratterizzato proprio dalla poca attenzione e da una cattiva volontà che rifiuta senza affrontare (è più comodo) queste forme volitive, non vedendole per ciò che sono: solo opportunità di crescita.

Lavorare sulla mente volitiva (centro emozionale) è sempre un'esperienza che spesso esaspera, nullifica, svuota, stanca, stufa, annichilisce ma nel contempo, per i veri "Scienziati", si rivela sempre un motivo di crescita, una riscoperta, un qualcosa che arricchisce. Queste dinamiche portano *in nuce* sempre un superamento e sono da noi stessi create per essere viste e riconosciute; non arrivano mai per fustigare, punire o nullificare. È il nostro modo di porci verso l'esperienza che determina l'accettazione e il superamento o la negazione e quindi lo stato di inquinamento e sofferenza. Molto spesso non cogliamo che superarsi vuol dire andare oltre qualcosa, vuol dire lasciarsi alle spalle il vecchio che si è esaurito come espe-

rienza e andare oltre, verso un qualcosa che possiamo qui definire nuovo. Parlavo stamane di quanto e spesso soffriamo per poter comprendere che un'esperienza di Vita sia terminata e che è quindi opportuno chiudere una porta per poter aprirne un'altra. Ci sono due Forze in questo piano duale di Realtà che si prestano ai cambiamenti che viviamo: l'Amore e la sofferenza. Quest'ultima sembra essere per la moltitudine la STRADA prediletta, oserei dire che spesso anche con una tangibile evidenza della Verità individuale si preferisce (o forse è meglio dire "si è obbligati") resistere, combattere e soffrire pur di non accettare quanto la nostra parte Vera, la Vita stessa, ci mostra con estrema chiarezza. Se siamo sinceri, se siamo umili riusciamo a vedere.
Chi meglio di noi conosce la nostra intima Verità?

Espongo di seguito una mia Visione a riguardo, che spero possa aprire una nuova finestra su alcuni aspetti che meccanicamente portano ancora, nostro malgrado, a reiterare ciclicamente in queste esperienze le stesse realtà che, cosa assurda, si rivestono proprio di quelle dinamiche che meno vorremmo rivivere.

Guarigione

Definisco con il termine "guarigione" l'uscire da questi processi condizionanti che depotenziano la nostra espressività ed autenticità limitando di fatto la nostra Natura Divina. Se guarire significa essere liberi dal condizionamento, dalle reazioni pre-programmate verso il mondo, allora essere guariti inizia ad assomigliare all'avere la capacità di scegliere risposte nuove e creative ad ogni situazione, così come si presenta, così com'è.
Nel momento in cui diventi consapevole di come ti poni verso l'esperienza, della risposta che adotti quando ti confronti con gli altri e con la Vita e del ciclo vizioso del meccanismo difensivo che spesso adotti, vedrai con chiarezza che ciò che stavi respingendo è te stesso, spesso una parte che

ancora non conosci di te, e che il rifiuto è inutile e spesso non necessario. Allora appena visto ciò, ti rilassi e ti fermi, ti ascolti. La percezione completa di questa illusione è il fermarsi e accettare ciò che è. Allora la personalità è dissolta nella chiarezza della Visione e della Realtà vera dell'esperienza. Senza paure, senza nomi, senza spazio né tempo: solo qui e ADESSO. Osservandoci, questa ACQUISIZIONE, questa presa di Cosxienza giunge solo con molto Lavoro pratico, giunge a noi solo se diveniamo questo "ascolto".

Ci vuole molto tempo per arrivare al punto di OSSERVARE e vedere la totalità dell'ego – carattere, personalità e aggregati vari – informato dalle memorie individuali, familiari e collettive, perennemente all'opera, sia nel visibile che ancor più nell'invisibile.

Questo stato delle cose è sempre meglio viverlo in modo esperienziale e diretto, piuttosto che da una prospettiva trascendente e disidentificata. Solo se portato nella Realtà fisica, grazie a un'indagine da veri Scienziati, ad un'esplorazione profonda del territorio della personalità fatta dal di dentro e grazie alla Presenza e all'Autosservazione che semplificano molto questo processo, l'acquisizione sottile si può trasporre e sviluppare nell'esperienza materica nel mondo di tutti i giorni.

Quando riuscite in questo e lo vedete completamente, è possibile che fermiate il movimento in voi stessi che vi connette con il resto dell'esperienza e della Realtà circostante. Quando si ferma questa compulsione di superficie diventate personalità chiarita. Per la prima volta, potete percepire la Sostanza effettiva dell'Essere e non più quella di superficie rappresentata dalla personalità: qui si esce fuori dal tempo, senza alcuna ansia per il futuro ancora da venire e senza paura del passato che, essendo già stato, non è più reale.

La guarigione avviene quando rimuoviamo i blocchi verso questo processo naturale di preservazione. È accelerata quando possiamo partecipare consapevolmente al processo, per identificazione. Ma spesso è utile agganciare una Forza, un Ordine Superiore che ci sostiene in questo moto creante.

Come disse Einstein:

> *"Non possiamo risolvere il problema dallo stesso livello in cui è stato creato".*

La chiave è quindi quella di accettare l'esperienza e voler entrare nel processo. Più facile a dirsi che a farsi. Questa Forza, quest'Ordine, questa Vera Volontà non arriva con tanta facilità, quando abbiamo speso una Vita rinforzando la nostra versione della realtà che limita l'insieme con un ristretto punto di vista creato dall'identificazione con la menzogna e con le credenze. A volte si deve toccare il fondo per rendersi conto completamente di quanto si è prigionieri. Oppure si deve avere un brusco Risveglio, per esempio scoprendo di agire ed essere come i propri incubi peggiori, cosa che ad un dato momento accade quando si segue e si sviluppa un PERCORSO COME IL NOSTRO.
Raramente cambiamo senza un disagio o una sofferenza. Non cambiamo nemmeno una sedia se non ci sentiamo scomodi. Cambiamo i nostri comportamenti quando sperimentiamo il disagio, l'infelicità e la sofferenza delle nostre credenze, delle lealtà occulte e anche dei nostri desideri ostacolati. Cambiamo i nostri Cuori solo quando siamo scossi dal dolore o dalla Gioia.

La sofferenza potrebbe non essere richiesta, ma è di certo un impeto comune massivamente manifesto e adottato in questa epoca. Il primo passo per guarire il passato resta dunque trascendere il condizionamento ereditato animicamente e "formalizzato" dalla famiglia e dalla società. Un sano proposito, buona Volontà, pazienza e un'alta Aspirazione, ecco quanto non deve mai venir meno al nostro percorso di Risveglio e al nostro consenso alla Vita.
Il vitale (centro emozionale) si sa, da troppo tempo coi suoi appetiti, desideri, afflizioni, mortificazioni, con la cattiva volontà e la sua atavica ignoranza, ha attirato a sé nei millenni ogni sorta di ossessione, distorsione e

impotenza. Materiali eterocliti, tenaci, tenebrosi e spesso diabolici gli si sono incollati addosso e lo ostacolano, lo ingannano, impedendogli di veder chiaro, di esprimersi, paralizzando la sua Volontà e riducendo la sua Aspirazione ad Essere strumento Divino. Gli Iniziati dell'antichità imponevano agli allievi pratiche di purificazione che oggi risulterebbero abluzioni. Ed è per questo che, essendo noi tutti Scienziati di questa Tradizione e di questa era, dobbiamo apprendere che un Iniziato necessita di vivere il suo percorso di Risveglio in un nuovo modo di esperire e vivere la Realtà, di rifiutare gli schemi già riconosciuti e purificarsi da ogni sorta di schifezza, di Lavorare con un attivo Fare, di sentire e percepire per impressioni interiori e mai più affidarsi ai fallaci sensi, di comunicare essenza, di autosservare le dinamiche interiori per perfezionarsi e per Evolvere.
In sintesi questa è una Scienza che va minuziosamente alimentata, una Scienza Iniziatica. Questa è la Scienza dell'Essere.

Per fare un vero Lavoro di Risveglio è utile attenersi ad un sistema, una pratica che percepiamo come un AMARE, un amare "noi stessi", e approfondirlo, altrimenti si è esposti esattamente a quanto avviene per l'organismo fisico: se assorbe ogni sorta di alimenti nocivi (schifezze varie) rischia di ammalarsi, allo stesso modo dello stomaco che può fare indigestione per tutto ciò che lo si obbliga ad ingurgitare e a digerire.

È tempo di comprendere che il vero Lavoro di RISVEGLIO consiste nel riuscire ad ESSERE "SE STESSI", attraverso l'espressione e l'esempio dell'Insegnamento che seguite.
L'INIZIAZIONE non è altro che un ampliamento, un allargamento esoterico della Cosxienza. Questo ampliamento ha dei gradi e l'ultimo è quello di giungere a fondersi con l'Essere Universale, ossia immergersi in quei piani Sovramentali ove regnano un'Armonia, una Pace e un'Equanimità Assolute.
Il nostro compito resta quello di superare il maggior numero di difficoltà, di stati e di gradi della natura inferiore, di rendere la nostra Cosxien-

za chiara e limpida per rifletterci con l'Universo stesso e irradiare gli altri "noi stessi" di questa nuova Luce e Sostanza Evolutiva che già da tempo incarniamo e manifestiamo ad Altrove.
Finché ci muoviamo entro un piccolo cerchio (noi stessi e i nostri "affari di famiglia") saremo esclusi dal Gioco Cosmico, restando ignari spettatori, comparse o al massimo attori non protagonisti, ma mai registi delle nostre vite.
Questo è tutto

Lux Radix

Lume V

Pionieri: Umani in Divenire

10 Agosto 2015

Un ascolto quello di stamane che si articola principalmente nello strutturare (rendere visibile e reale nella materia) una Visione sostenibile e ampia in merito a quanto insieme ci apprestiamo a sperimentare in autunno.
Evince in modo chiaro che in questo transito l'Organismo necessita di un'attenzione congiunta, di piena responsabilità da parte di ognuno nel proprio ruolo e di un reale consenso.
Molto è stato fatto e realizzato con lo sviluppo e il dono di tutti e molto resta da fare e creare.
Ultimamente si è parlato di "consenso, sacrificio e rinnovata disciplina".
Di certo nella manifestazione di questi movimenti una Forza Superiore, un Ordine Superiore si è espresso ad Altrove determinando alcuni aggiustamenti e facendo emergere, in modo molto evidente, chi di questo gruppo ha dato il proprio consenso e si è schierato allo Scopo che incarniamo, e chi ancora scisso oscilla non riuscendo per ignoranza a concedersi e a vedere in modo totale questa opportunità. Non si può forzare chi per paura non si "CONCEDE" al proprio Lavoro e resta ancora avviluppato dalle fascinazioni di superficie vitali e fisiche.

Tutti noi, dopo gli ultimi Lavori siamo in grado di discernere, se attenti, cosa è reale e cosa no e di cosa realmente necessitiamo per un concreto Risveglio.
Il limite che si pone in questo passaggio è che (si presume e si pensa) per sviluppare questo nuovo processo bisogna cambiare o perdere qualcosa di noi "là fuori", in sintesi un attaccamento.

Un attaccamento che rivela la paura di perdere ciò che credi di essere, e che si rivela il guardiano che ti mette alla prova e ti chiede di superarti.
Cerchiamo di cambiare, di essere diversi, di superarci, di mostrare al mondo che non siamo piccoli, ristretti, pochi. Eppure più "cerchiamo" di essere qualcos'altro, più creiamo difficoltà nell'attuarlo. Giudichiamo costantemente i nostri comportamenti: "potevo fare meglio", "potevo comportarmi in modo diverso", "potevo scegliere altro", "avrei potuto fare altro", "sono sempre il solito", "che dirà la mia famiglia", "cosa penseranno di me gli amici" ecc. ecc... Costantemente si cerca di cambiare, crescere per diventare qualcos'altro. Quest'insoddisfazione di fondo, questo arcaico bisogno di essere diversi e di non allinearsi ai modelli preconfezionati presenti in ognuno di noi, se ben compreso, ci sprona e ci avvicina alla NOSTRA PARTE VERA.
Accettare ciò che è ci pone in una condizione di vantaggio, ci permette di scegliere, ci pone nella nostra struttura interiore dove possiamo permetterci di edificare il nuovo; più cerchiamo all'esterno la corrispondenza e una pseudo-sicurezza e più ci allontaniamo dalla Verità interiore, più edifichiamo dentro di noi e più il mondo esterno, famiglia compresa, si plasma al nostro cambiamento e volere, al nostro rinnovamento, al nostro attivo fare.
Non si accetta mai del tutto la Realtà che ci si presenta, cerchiamo sempre e comunque di cambiare qualcosa negli altri, di volere (per egoismo) le cose come siamo abituati a credere che siano giuste per noi. Si resta molto spesso nella feroce pretesa e convinzione di ottenere dagli altri un atteggiamento che pensiamo possa essere accettabile e renderci felici: l'affetto, l'accettazione, la compassione, l'attenzione, la considerazione, la corrispondenza. Ci aspettiamo troppo spesso che il mondo esterno sia come noi vorremmo che fosse. Ci rintaniamo troppo spesso in ciò che vogliamo e desideriamo, che a seconda delle esperienze definiamo "mi piace - buono" o "non mi piace - cattivo".
Ma cos'è che realmente mi piace o mi dispiace?
Cos'è realmente buono per me?

MA TI CHIEDI MAI SE IL MONDO ESTERNO RISPECCHIA ED È ESATTAMENTE FEDELE A CIÓ CHE SEI DENTRO?
La contrapposizione di un tuo familiare o del tuo capoufficio rispecchia la tua paura, la tua costante paura di essere sottomesso è il riflesso del tuo aguzzino interiore, il giudizio che vedi negli altri e temi è il tuo feroce autogiudizio: tutto si riflette dall'interno all'esterno di te, sempre.
Sono certo che siete tutti voi consapevoli di questo, ma allora chiedetevi, perché siete ancora ostinati e perseveranti nell'aspettarvi che il mondo e gli altri siano come voi pensate che dovrebbero essere? Qual è ancora il limite che ponete nel non accettare i "fatti" e gli "atti" che voi stessi create, ripetendo schemi e programmi?
Siete attaccati alle vostre illusioni, vi danno sicurezza e usate l'orgoglio e l'arroganza per mantenere e difendere ciò che definite "la mia vita", e "il mio me stesso".

Arrenditi a ciò che sei in Realtà, evira i legami con il passato che chiede solo di passare, ergiti ad eroe della tua Vita e conquista il tuo Regno, trova il tuo posto prima in te e poi nel mondo. Contieni il mondo e non lasciarti mai più contenere. Sii Libero di Essere, di vivere, di creare, di fare oltre ogni morale, oltre ogni limite e oltre ogni autocensura.

Ma guardiamoci intorno, osserviamo il mondo che ci circonda, fermiamoci: viviamo in una realtà determinata dall'ignoranza e dalla feroce convinzione che il mondo, così come lo percepiamo e sperimentiamo, sia l'unica verità perché accettata dalle masse. Ma Svegliamoci! Forse è ora... Dovremmo accettare i FATTI come essi si presentano, senza giudicarli gradevoli o sgradevoli e senza trarre pregiudizievoli conclusioni. Non si tratta di un'accettazione di tipo mentale (la mente ordinaria non accetta mai nulla ed è perennemente identificata nei suoi dubbi, funziona così), di avallare delle idee o delle teorie, ma di creare un atteggiamento del tutto ragionevole, pratico e funzionale. Un FARE, che richiede soltanto di mettere in priorità la nostra Vita, la nostra Evoluzione, coltivando una sana attenzione e un amarci costante e rilassato.

Oggi tu Puoi

Quest'attenzione deve essere di natura straordinaria e costante, dovete divenire la vostra Attenzione, non può essere attuata solo quando siete in un gruppo di Lavoro o ad Altrove. Ascoltate le esperienze che create e vivete fuori, guardate la situazione che si sviluppa e al tempo stesso osservate gli echi che essa desta dentro di voi sul piano della percezione fisica, sul piano vitale del sentire e su quello chiassoso dei pensieri. Siate come scienziati, seguite minuziosamente gli indizi che il corpo costantemente vi mette a disposizione. Siate in una posizione di quiete, di ascolto e nulla potrà sfuggire alla vostra attenzione. In questo stato tutte le apparenze vengono a mostrarsi per ciò che realmente sono e POTETE AVERE BEN CHIARO COSA O CHI ANCORA VI "TRATTIENE".

Restate allora liberi dal giudizio, dall'interpretazione e dalla valutazione, limitandovi a guardare, senza cadere nella trappola dell'identificazione abitudinaria. In tal modo non c'è alcuna interferenza di un "io" intriso di schemi e memorie, pregno di paura, nessun desiderio di cambiare il mondo o gli altri, di crescere o di diventare. Un'accettazione funzionale di cosa è bene per voi non è "morale" o "amorale". Qui non c'è bisogno di optare per un nuovo modo di vivere che, inevitabilmente, diventerebbe un sistema come un altro, una ripetizione più consapevole, ma c'è bisogno di un rinnovato modo di ESSERE. In questo modo diventiamo più intimi con noi stessi, si presenta automaticamente un vero ascolto, e nell'ascolto vi è apertura, recettività. L'esplorazione non diventa mai una fissazione con un fine da raggiungere ma una pura e semplice esperienza dove non esiste il lecito e l'illecito, ma solo pura Esperienza Evolutiva; ed è l'Essere che fa esperienza. Essa resta come una specie di "benvenuto", un *ciaaaaoooooo*, un sorriso costante, in ogni momento, in ogni respiro. Tutti i tentativi di cambiare noi stessi sono basati su un'interpretazione, ma quando non vi è nulla da interpretare, l'enfasi cade naturalmente sullo stesso prendere nota. L'Autosservazione ha in se stessa il proprio gusto, una propria IDENTITÀ.

È l'apertura, l'accoglienza, il superamento, l'allargamento, l'espansione, il contenere, il benvenuto, il coraggio, l'amore di sé: questo è il nostro Essere naturale. Noi siamo qui per accogliere e unire ciò che PER IGNORANZA CREDIAMO IL MALE.
Quando scompare l'abitudine di essere qualcuno che è legato a qualcuno, quando si trascende di essere qualcuno che sta facendo qualcosa, resta soltanto un'attenzione nuda, PURA. La mente ritrova la sua percezione naturale e la sua flessibilità, è recettiva e al tempo stesso ci sentiamo liberi nel rapporto con gli altri e con ciò che ci circonda. Le impressioni dell'ambiente e degli altri vengono non più meccanicamente assorbite dal corpo con la consueta risposta meccanica emotiva ma ci passano attraverso come fossimo trasparenti. L'attenzione focalizzata crea un'immobilità dinamica, un'ASSENZA DI RISPOSTA, viva, velocissima, subluminale, ultracelere e allo stesso tempo ferma, duratura, stabile, immobile. Viviamo, sempre più e meglio, intimamente con noi stessi.
L'ascolto, il Vero Ascolto è Amore, ed è il Cuore che Ascolta.

Vi sono diversi strati e gradi in cui si entra in contatto normalmente con una sensazione, una percezione o un'impressione. Quando alimentiamo un'osservazione senza dare un nome, senza resistenza, senza paura e senza conclusioni, la sensazione si espande e affiorano tramite le impressioni gli strati più profondi dell'Esperienza; c'è Ascolto, senza ostacoli, perché liberi dalle tensioni vitali e nervose. Questa espansione non può essere prodotta a comando. Il suo magnete è l'accettazione di ciò che è, è accoglienza, Amore, benvenuto. Il pieno dispiegarsi dell'oggetto, cioè la totalità della Visione, ha luogo solo quando si presta sempre più Ascolto all'impressione e sempre meno alla sensazione. È una sorta di espansione in cui il cosiddetto oggetto è assorbito nella piena consapevolezza, contenuto nell'immobilità del non giudizio.
Abbiamo in essere quest'Opera senza tempo. Tuttavia è utile comprendere che tutto ciò che creiamo insieme è determinato da un Ordine Superiore. Noi siamo solo umili strumenti di un Qualcosa che edifica in noi e

di riflesso fuori da noi. Non vi è nulla da realizzare. Qui non vi è destinazione. Siate semplicemente aperti a ogni percezione e principalmente iniziate a prestare Ascolto alle impressioni. Le cose appaiono in questa apertura, puntano verso l'apertura e svaniscono nell'apertura: ogni chiusura è una restrittezza, è pochezza, è ego.
Quando sei l'Attenzione non vi è più attaccamento né identificazione. Vi è soltanto l'accadere. Il Fare di un atto rinnovato ed Eterno. Qui Tutto ciò che appare punta verso la sua Vera Natura.
Ho detto

Lux Radix

Lume VI

Essere al Centro

30 Agosto 2015

Le ultime due settimane rientrano in uno spazio-tempo al di là di ogni umana rappresentazione. Nonostante le "diverse avversità" e la vasta mole di informazioni ed energie apportate dalle tante presenze di quest'ultimi giorni, siamo rimasti sempre a contatto con il nostro CENTRO, siamo stati sostenuti da una Forza costante che ha avuto un sapore simile alla Magia.
Dopo diversi giorni di densità, esperiti e vissuti comunque da tutti in modo pressoché dinamico, e nonostante la presenza di goliardiche Forze avverse (sempre attive e pronte a mostrarci dove siamo), con l'ultimazione dei lavori esterni per la nuova aula del Centro, si scorge già da oggi un'apertura che volge verso il divenire e che nei prossimi mesi ci vede concretizzare, al di là di ogni negazione e illusione, i propositi congiunti dell'Organismo.
Questo movimento conduce di fatto ad un allargamento che di riflesso espande tutti e permette di veicolare in modo più dinamico ed ampio il messaggio e lo Scopo proposti qui ad Altrove.
Se riguardo il mese appena trascorso di sicuro non sembra solo un mese, anzi. Il tempo si è esteso permettendo di concludere ed edificare l'aula, l'*Archergonikè Oikìa* (Opera Originaria dedicata alla Madre Divina), che è di fatto il luogo da cui iniziare questa nuova esperienza.

Questo tempo trascorso, in sintesi, ha apportato molto, davvero tanto. Un diretto contatto con Sostanze esterne di diversa e varia natura (le visite di persone esterne ospitate al centro) ha permesso a tutti di "condirsi" e arricchirsi di nuove e ulteriori informazioni utili al percorso intrapreso. Tanto di tutto ciò si è rivolto per edificare nella Sostanza esteriore del Centro e, a ben vedere, anche nelle Sostanze Interiori dell'Organismo. Uniti stiamo attraversando proprio questo ponte che, grazie al Lavoro di tutti, NESSUNO ESCLUSO, si è realizzato e concretizzato per condurci ancora più e meglio oltre l'attuale conosciuto; Animo dunque.

Noi e il Centro

Stamane mi sono chiesto cosa manca, di reale e stabile, che può in questo nuovo ciclo di eventi creare una solida BASE per affrontare questi prossimi pieni mesi autunnali e invernali.
La risposta è sgorgata fulminea: un Centro di gravità!
Un Centro innanzitutto individuale che, concretizzato, sfocia per associazione e risonanza in tutto l'Organico. Un Centro Reale e comune che supporti quanto insieme abbiamo scelto di sviluppare e sperimentare. Per questo ci viene richiesto di allargare la nostra comprensione, la nostra pazienza, di mantenere ben visibile la nostra Scelta, il nostro Consenso e non ultima la nostra "Aspirazione" con rinnovata Fede.
Un entrare in contatto con la nostra Essenza, per agganciarci in modo stabile al nostro Maestro Interiore, in quel luogo Profondo e Vero ove soggiace da sempre la nostra Realtà Interiore.
Se non si è maturata una stabilità interiore si corre il rischio, come spesso accade, di girare in tondo e ripetere le stesse dinamiche di sempre che come visto, seppur evolutive, divengono sempre più sottili e limitanti travestendosi di nuove forme.
Questi processi non solo creano divisione e sofferenza, intolleranza e irritazione, limitando chi le incarna ed esprime, ma di fatto si propagano negli altri rallentando di fatto il Lavoro di tutti.
Per questo è di vitale importanza che tutti si assumano quanto prima la Responsabilità oggettiva ed individuale delle proprie identificazioni e

creazioni esteriori e che, anche nelle "cadute" e nelle difficoltà, ricordino che questo è un Laboratorio.
Questo al solo fine di poter svolgere comunque il proprio Ruolo salvaguardando se stessi e gli altri al di là di ogni inerzia e Forza avversa che sia. Chi ritiene ancora reale la propria identificazione con la macchina psicofisica, chi si mette in trincea credendo di combattere tutto e tutti, chi determina con il proprio fare una limitazione oggettiva del gruppo va condotto all'autosanzionamento.
Assumersi la Responsabilità delle proprie difficoltà, una volta riconosciuta l'identificazione, dona la concreta possibilità di guardare dove si è e di cosa si è preda, ed in più accettando questo stato si salvaguarda con lealtà il Lavoro comune.
Esiste un'utilità in tutto questo; quando si sperimentano delle ripetizioni è perché si è pronti a poter andare oltre: è compito dello Scienziato prendere atto e sfruttare al meglio tale possibilità. Ricordate sempre che ad ogni difficoltà che vi si propone, *in nuce* voi avete già la Forza opposta e corrispondente, preposta a subliminare e trascendere la difficoltà stessa. Dopo tutto, chi di voi ancora non si è accorto che questi movimenti sono ripetitivi e ciclici? Ma allora perché non si riesce a neutralizzarli e a renderli innoqui?
Vediamo se sono più chiaro con un esempio.
Visualizza un topo e una pallina su di una ruota che gira intorno ad un asse; bene: all'inizio sembra che sia il topo che rincorre la pallina, poi ad un certo punto non si capisce più se è il topo che rincorre la pallina o quest'ultima che rincorre il topo. Come si fa a vedere chi corre dietro a chi? Dal Centro della ruota, chiaro?
Solo stando al centro e Autosservando i nostri pensieri abbiamo la possibilità di scorgere la Realtà dei movimenti che, per abitudine meccanica, ci inducono alla negazione della Realtà spingendoci nella sofferenza. Di fatto questi processi psichici ci costringono a percorrere solo i margini della nostra Vita per ripetere all'infinito schemi e programmi volti esclusivamente alla divisione, al conflitto interiore farcito da un onnipresente

senso di colpa. In questi stati di incoscienza e ignoranza siamo quindi il nostro peggior nemico, il nostro peggior aguzzino, il nostro carnefice e tiranno di fiducia, e di riflesso lo saremo sempre e per abitudine anche con gli altri, per intenderci.
Credo che proprio per questo siamo pronti per Lavorare e sviluppare un Reale e fattivo Centro di gravità individuale e di gruppo che armonizzi e limiti di fatto queste ancora presenti oscillazioni. Questo è prioritario ed è quanto urge oggi per accedere al prossimo divenire sorretti da una base solida che si riveli anche confortevole per tutti noi. Urge una presa di Cosxienza, una Vera comprensione di quanto descritto sin qui. Urge una realizzazione, un consenso volto all'utilità di entrare in contatto con il nostro Centro, da parte di tutti, nessuno escluso, cani e gatti compresi. Tutti noi a diretto contatto con questa Sostanza Interiore ove soggiace il Cuore di tutte le cose, belle e brutte che possano Essere.
Essere in contatto con il Cuore di tutte le cose.

Una visualizzazione:
mettiti comodo e prova a fare silenzio nella testa, zittisci i pensieri e appena calmo e quieto immagina un cerchio, e immagina che ne stai percorrendo la circonferenza. Qualunque sia il punto in cui cominci il percorso, quello è il tuo inizio. Ma, una volta che cominci a muoverti, non c'è fine; continui a girare in tondo. Se vuoi uscire fuori dal cerchio senza fine, devi essere Cosxiente che il cerchio ha un Centro e che tu devi stare in quel Centro, invece che lungo la circonferenza. Fatto? Bene. Allora, hai visto cos'è questo Centro?
È la Realtà che risiede permanentemente nel Cuore di tutti gli Esseri. È Cosxienza di Sé, è Verità e Amore.

Tutti devono conoscere e comprendere questo Centro, se vogliono smettere di girare in tondo all'infinito, spostandosi continuamente e oscillando senza una reale meta da un punto all'altro della Cosxienza ordinaria di superficie.

Non ci sono punti in quel Centro e quindi, non c'è movimento come normalmente lo si conosce.
Quando arrivi al Centro, oltre quel vuoto e quel nulla di cui tanto hai paura, termina tutto ciò che prima ti limitava, sì proprio così, perché vai oltre la consueta ignoranza e limitazione.
Nel Tuo Centro Interiore, nelle profondità e nelle Altezze del tuo Essere Vero non c'è né inizio né fine perché lì cessa ogni direzione, distinzione e movimento. C'è solo un'origine di quiete e movimento simultanei.
In questo mondo, in questo piano di Realtà in cui viviamo le nostre vite, riusciranno a non essere frantumati e devastati solo coloro che sono vicini al Centro, vicini al Cuore del loro stesso Essere.

Chi si allontana dal Centro rimane inesorabilmente schiacciato.

La maggior parte delle persone comuni si è, per abitudine cronica all'ignoranza, distanziata dal Centro: è per questo solo motivo che si soffre.
La cosa migliore che ognuno di noi può attualizzare è stare vicino al "perno" della propria Cosxienza e rimanere lì, immobili.
Se rimani lì, il mondo ti girerà attorno, ma non ne verrai schiacciato e frantumato. Se riposi in quel Centro AFFIDANDOTI, il mondo non potrà turbarti o toccarti in alcun modo. Anche nella tormenta avrai una solida fune che ti trattiene al tuo Centro.
Questo Centro è quello spazio Interiore nel quale lavoriamo durante ogni pratica sviluppata qui ad Altrove.
Non siamo abituati a mantenere per un certo lasso di tempo il contatto con esso. All'inizio è una fatica, ci si sforza, pur tuttavia percependo che questa è la nostra Origine, la fonte ENERGETICA della Vita che si esprime in noi, la sede della nostra Autenticità.
Allora, con la pratica e nel giusto tempo, per ognuno di noi diventerà relativamente semplice tornare ad esso nel momento della necessità, nei momenti contrapposti e bui, nei momenti del bisogno.
La grande difficoltà è che nella Vita quotidiana, con gli incontri moltepli-

ci che si hanno durante una giornata, questo Centro viene pressoché dimenticato, messo da parte: siamo continuamente sballottati qua e là, tra un'esperienza e l'altra; siamo spesso decentrati e dimentichi di noi stessi. Il Lavoro prossimo, il grande Lavoro, la Vera Maestria, consiste allora nel riuscire a mantenere un contatto costante con il nostro Centro, questo proprio per non chiudersi al mondo esteriore, ma per accoglierlo e contenerlo e viverlo sempre più e meglio con vera consapevolezza e tranquillità.

Un mondo vissuto in questo modo si apre a noi nella sua sfolgorante Bellezza. Un mondo sperimentato in questo modo, dal Centro, si mostra per ciò che è: un REGNO.
Ho detto

Lux Radix

Lume VII

Archergoniké Oikìa: la Via Enstatica

13 Settembre 2015

La casa dell'Opera Originaria d'Altrove, Opera dedicata alla MADRE DIVINA, con i Lavori promossi negli ultimi giorni, ha dato Vita e inizio (in questo nono (9) mese di settembre (9) dell'anno 2015 (8) = 26 = 8, che simbolicamente richiama l'Infinito) alla sua esperienza in questo piano di Realtà. Abbiamo iniziato ad informare con la nostra Sostanza questo luogo Sacro che è di fatto una manifestazione della nostra comunione, della nostra comune azione e congiunta creazione. Bellezza e Bontà si sono espresse tramite un Senso comune di Unità e Grazia e si sono poi sviluppate, come naturale conseguenza, con il Lavoro dei giorni scorsi che ha visto manifestare le vere potenzialità insite in quest'Opera: un dono della Madre, una Grazia, un OLTRE!

L'Opera, creata dalla fusione di varie intuizioni, si basa su una geometria Sacra, "Sapiente e Cosxiente", sviluppata grazie a una sintesi numerica che in proporzione aurea riproduce in questa struttura Organica l'intero pianeta su cui viviamo: la Madre Terra.

Tutti coloro che si sono avvicendati negli ultimi mesi hanno contribuito a dare essenza ed energia a questo processo che si è materializzato di fatto in questa struttura, che contribuisce ad arricchire il Centro Altrove con un luogo che si propone come ricovero accogliente per tutti coloro che sono alla ricerca della Vera Libertà.
Grazie a tutti dunque.

Mutazioni extraordinarie

Per quanto riguarda Noi, l'organismo tutto, le cose stanno cambiando, non c'è dubbio; ho avuto tre o quattro Lampi, in queste ultime settimane, anche di mutamenti oggettivi, cioè di un cambiamento non solo in rapporto alla mia Cosxienza, ma un cambiamento percepibile anche da altre Cosxienze individuali del gruppo di Lavoro. Questi stati di trasformazione della Sostanza arrivano come un fulmine, nemmeno il tempo di fissare, e sono belli che spariti. Nel Lavoro che sviluppiamo oggi grazie a questi "lampi", siamo già in grado di mutare gli avvenimenti; questo è un Fatto. Dovunque si infiltri questo stato di Cosxienza è possibile un cambiamento su qualsiasi piano, grado e natura. Ormai ne abbiamo avuti esempi, a centinaia, come quello di riuscire a spostare "l'ago" della nostra Cosxienza individuale, proprio come si sposta l'ago di una bussola.
Guardate il Lavoro che condividiamo e vedrete che questo movimento, quest'ATTO, accade regolarmente anche in ognuno di voi. Il risultato di questo processo non è un Potere sugli altri, anzi, ma è in sintesi un avere accesso al Potere tramite la Volontà del gruppo di cambiare per risonanza le "circostanze" in cui si sviluppa l'identificazione del singolo. Magistrale quest'ORDINE. L'infiltrazione di questa Cosxienza produce come riflesso il mutare di stato da un grado di illusoria ignoranza ad un grado di rinnovata Cosxienza. Puntualizzo che per ora questo Atto si sviluppa e agisce solo sulla sfera psicologica (mentale) ed emotiva sentimentale (vitale). Abbiamo la necessità come gruppo di far sì che questo Potere, questa Volontà rivolta alla Verità, giunga sino al Corpo, in profondità, sin giù nelle cellule, nella Sostanza della mente fisica.

Ecco, questo è il Lavoro che in me ha avuto inizio e che mi vede partecipe per questo inverno: un seme che porta *in nuce* un Potere che contiene e racchiude un Ordine Nuovo, Superiore e Trascendente, nascosto proprio nella Materia più resistente ed oscura. Un nuovo che aspira ad essere conosciuto e veicolato dove ancora risulta essere mancante di luce, per

nutrire, illuminare e dar Vita laddove vige ancora la ferrea legge della paura di morire, dell'ignoranza e dell'incoscienza.
Lo Scopo di questa Forza è di far giungere una Vera Conoscenza, una Cosxienza di Verità, una nuova Luce direttamente nella mente oscura cellulare (sostanza fisica materiale). Il Corpo ha Poteri ancora misconosciuti, egli può interagire e relazionarsi con ogni forma e sostanza di questo piano: in noi, nel nostro corpo sono contenute tutte le sostanze e tutti gli elementi che compongono il mondo materiale visibile e manifesto. Già due o tre volte ho "visto" che alcune cose al di fuori del mio Interiore si sono manifestate e hanno cambiato "posto", sono mutate come in un lampo, ma tutto era finito prima ancora che io le potessi anche solo elaborare o pensare; un unico Lampo. Sarà sempre più coglibile ed evidente questo processo nel tempo e pronto per essere disponibile a noi tutti. Grazie e tramite un rinnovato ascolto, un'apertura totale e un rinnovato modo di accogliere l'esperienza al di là della paura, tutto sarà possibile per tutti; staremo a vedere.
Ognuno di noi porta *in nuce* questo Potere, velato sì, nascosto certo, ma in potenza disponibile a tutti noi. Non ci viene richiesto di essere o di fare oltre quello che riusciamo a fare ed essere, ma ci viene oggi richiesto di prendere in seria considerazione che il Lavoro che sviluppiamo va ben oltre il piccolo e ridotto Scopo individuale.

Alkimia Altroviana e percorsi extraordinari: immersioni enstatiche

Di sicuro in questa fase prematura è fondamentale realizzare che gran parte dell'operatività del Gruppo è volta a sollecitare, estendere e raffinare in Presenza di sé tutti gli schemi e le zavorre emotive che producono continue identificazioni autolimitanti, per non perdersi più in sterili e frequenti stati di smarrimento, identificazione, sofferenza o beatitudine fallaci, estasi o fascinazioni emotive. Lo scienziato alkimista, il vero Iniziato,

ricerca le esperienze enstatiche che sono Realtà non ordinarie dentro di Sé, anziché le esperienze della Cosxienza ordinaria definite estatiche, che sono realtà ordinarie fuori di sé.
Uno scienziato che si incammina sulle Orme della Vita si pone come PRIMO OBBIETTIVO l'Autorealizzazione di Sé. Diviene così, nella sua costante trasmutazione interiore, l'alkimista di se stesso. Nel procedere lo scienziato alkimista si identifica con la Volontà Divina e diviene strumento dell'intelligenza Cosmica.
Accede così ad uno stato di Cosxienza di perenne innamoramento nei confronti di sé e della Vita, accede alla Pace, alla serenità interiore (fabbrica il *Lapis Philosophorum*, il suo veleno è divenuto farmaco).
In questa fattiva identificazione, l'Iniziato diviene un "Mago", cioè libera la propria Cosxienza dalla "gabbia psichica" nella quale era trattenuto dal sistema culturale, familiare e sociale, acquisendo il Potere di trasmutare i blocchi della propria personalità. Lo scienziato avendo unito le due parti, maschile e femminile, scinde e trasmuta le interrelazioni della propria sostanza interiore e ne forma di nuove (*solve et coagula*, distrugge e riassembla la propria sostanza in nuove formazioni essenziali).
Questo LAVORO fa emergere per il prossimo grado di perfezionamento il temperamento psichico, il dono animico che ogni essere umano porta in sé quale qualità delle vite precedenti. Questo processo di riappropriamento dell'individuale natura Divina conduce di fatto alla Libertà.
La psicoprigione, la prigione psichica nella quale all'inizio del percorso siamo ancora identificati, coinvolge i tre corpi della nostra natura essenziale sottile. Chi governa in maniera occulta il mondo conosce perfettamente il funzionamento sottile dell'uomo comune grazie a questa conoscenza. La nostra vita viene controllata e manipolata tramite la paura (sotto le sue infinite manifestazioni) ed educastrata dall'istruzione familiare e scolastica, dalla religione, ed oggi anche attraverso l'azione dei mass media.
Liberarsi significa indentificarsi con l'Essenza, al di là dei veicoli usati dalla personalità di facciata.

Liberarsi vuol dire identificarsi con l'impermanenza e l'immortalità della Cosxienza.
La serenità interiore scioglie qualsiasi nodo, qualsiasi resistenza. In questo stato puoi finalmente sciogliere i tuoi blocchi psichici e vivere in Presenza, accettando ciò che sei e ciò che è.
Iniziato a vivere quindi la tua quotidianità nella Gioia, invaso da un costante senso di innamoramento nei confronti di tutti gli Esseri e di tutto ciò che ti circonda, conseguenza del tuo Senso Superiore di percepirti, Tu divieni "Uno con tutte le cose".

> *"L'Amore è per lui la Legge, l'Amore al Servizio della Volontà Superiore"* ("Love is the Law, Love under Will").
>
> Aleister Crowley

Attitudine a "Servire"

Essendo identificato con la Volontà Divina, tutti i pensieri, le parole e le azioni non ti appartengono più. La Cosxienza Superiore opera attraverso te; e allora, che preoccupazione puoi più avere? A questo punto la tua Vita diverrà inevitabilmente una continua propensione verso il miglioramento e il perfezionamento delle condizioni dell'Umanità e non perché ci "guadagni" qualcosa o perché te lo impone qualche entità astrale o mentale, ma unicamente come conseguenza del tuo agire in questo nuovo stato di Cosxienza. L'Atto stesso volto al Servizio ti aggancia al Codice della Vita e Tu divieni strumento della Vita stessa: guarisci definitivamente dalla tua malattia più cronica, quell'ignoranza che genera incoscienza (assenza di REALTÀ).

Una REALE GUARIGIONE si deve provare a transporre anche nel Corpo. Questa alkimia non avrebbe alcun senso se condotta solo nei piani mentali e vitali: è già stata sviluppata e sperimentata.

Una Reale e totale guarigione si rivolge al perfezionamento di sé in modo totale: ecco a cosa siamo chiamati.
Il Vero scienziato, l'Iniziato, è in grado di guarire il suo Corpo quando si ammala, e soprattutto può prevenire ogni male fisico lavorando assiduamente sulla trasmutazione delle sue credenze (invecchio, mi ammalo, morirò), dei suoi pregiudizi e delle sue emozioni negative. Ad un certo grado di iniziazione il vero Mago (divenuto Yatromante o Taumaturgo) può usare il Fuoco interiore per favorire la guarigione negli altri Esseri umani. Diviene in sintesi un canale per l'azione divina.
Abbiamo necessità di acquisire (facendo emergere da dentro) per tali fini, un Reale Potere che possa realmente dominare la materia fisica divenendo, almeno potenzialmente, capaci di operare quali tramiti di Forze Superiori per governare entità nocive che si nutrono della nostra Essenzialità. Entrambi questi Poteri vengono acquisiti grazie alla capacità di governare e trasmutare innanzitutto gli elementi psichici velenosi all'interno di se stessi. Non esiste altro modo: questa è la Vera Magia dell'Arte Regale.
L'alkimista scienziato percepisce per empatia – attraverso l'uso del Cuore in un costante Atto d'Amore – il significato nascosto dell'Anima (l'Essenza) di chi gli sta di fronte, cioè riconosce innanzitutto cosa rappresenta per se stesso e, in particolare, la Sostanza e la qualità che quell'Anima esprime sulla Terra. Di conseguenza si è in grado – ma non è detto che accada a tutti – di cogliere i mondi sottili durante il normale stato di veglia, e si possono dunque osservare i corpi sottili degli altri individui percependone impressioni, memorie, emozioni, pensieri e in alcuni casi anche la storia passata e futura.
Il Mago può praticare la telepatia, la chiarudienza e la chiaroveggenza. Egli diviene cosxiente dei propri corpi sottili e assume il completo controllo del proprio circosciente (proiezione dei suoi corpi interiori) e della propria aura energetica. Ciò significa che il Mago può abbandonare il suo corpo fisico e spostarsi in mondi superiori utilizzando cosxientemente tali veicoli per viaggiare in altri reami e nelle dimensioni spirituali. Il Lavoro che tutti insieme contribuiamo a sviluppare non deve e non può essere

considerato più un semplice Lavoro di Risveglio, ma una REALE E FATTIVA EVOLUZIONE DELLA COSXIENZA e delle abilità insite in ogni essere umano.

L'alkimia che insieme contribuiamo a sviluppare non va considerata una rivisitazione e nemmeno una chimica grossolana del passato, ma l'attualizzazione di una pratica millenaria. In questa era, tendente alla trasformazione e al perfezionamento dell'uomo, servono strumenti e metodi contemporanei, che rispettano le Leggi di Natura e i Principi Universali, con pratiche semplici e compatibili con lo svolgimento della vita quotidiana: questa è la Vera Alkimia perché al fine tutto è Ars Regia.
L'alkimia è un'Arte Sacra ed è in sintesi una Scienza Iniziatica (per veri scienziati) che si rivolge all'espansione della Cosxienza. Una Cosxienza vista non come un costrutto di separazioni ma come l'insieme dei tre centri sottili, i nostri involucri interiori: fisico, vitale e mentale.

Quando la Forza Sovramentale espanderà la mente umana per entrare in sinergia con l'Universo, può Realizzarsi il vero Assoluto nascosto e velato nell'oblio della materia, il nostro corpo fisico. L'ipotesi di Lavoro Iniziatico dello scienziato alkimista pone come fine ultimo la sopravvivenza dopo la morte: l'IMMORTALITÀ DEL CORPO.
Ma questa è decisamente un'altra storia, su cui per ora non serve soffermarsi molto.

Il vostro Essere Vero vi parla ovunque e vi dona la possibilità di comprendere fino a qual punto siete vittime o discepoli di questo ambiente, di questa attuale era, di questo mondo.

Quando diventate Discepoli e vi Iniziate a questo "inconscio rivelato", allora è possibile abolire la separazione e riconoscere la relazione come cammino dell'Uno, dell'unica e sola REALTÀ soggiacente nel cuore di tutte le cose, visibili ed invisibili.

UN SENSO DI UNITÀ VI CAMMINERÀ DENTRO, SIMILE AL SANGUE CHE VI SCORRE INCESSANTEMENTE NELLE VENE. Solo allora sarete reale Servizio. Provare per credere.

Ricorda sempre: la Verità, non può essere donata o trasferita, può essere solo sperimentata. La Verità va realizzata tramite la fattiva Esperienza. È un Atto d'Amore verso te stesso. La Verità non solo non può essere concettualizzata o posseduta, Essa non può nemmeno venire perseguita. Infatti la Verità é sempre presente e manifesta, altrimenti non sarebbe Verità ma semplice descrizione mentale.
Ho detto

Lux Radix

Tavola II

Legge del Tre

Materia, Psiche, Spirito

Lume I

La Casa: lo Spirito e la Materia

3 Maggio 2015

Nuove energie hanno contribuito ad arricchire e miscelare l'Organismo Altrove in questi primi, atemporali e "lunghi" giorni di maggio. I Lavori procedono sospinti da una Rinnovata Forza. Un Vero e Sincero proposito comune, volto sempre più all'Unione e alla Comunione, determina un riflesso che visto dall'esterno esprime in modo naturale e spontaneo BELLEZZA, BONTÀ, VERITÀ e AMORE.
Ognuno di noi ha contribuito, con la propria Sostanza, a sviluppare questa forma di Pienezza che ha creato fattive trasformazioni e incisive prese di Cosxienza, manifeste su ogni piano e grado di Realtà. Ogni piano dell'Essere (mentale, vitale, fisico, materiale) è stato interessato e permeato da questo Divino Movimento. Un abbondante flusso di pura Luce, costante e spiralico, ci ha abbracciati, accolti e condotti nella corrente di un fiume sotterraneo che ci ha permesso di immergerci nei nostri rispettivi abissi, nel nostro personale Ade.
Una vera e propria caccia al tesoro questa, che richiama ancora ulteriori immersioni. Simili a nani sapremo, con maestria, separare dalla gancia la polvere d'oro ivi contenuta.

Quest'esperienza vissuta è già assisa in tutti noi e, in Verità, ha segnato un nuovo e subliminale ciclo del Lavoro che ci ha avvolti in un mantello di Luce. Il Lavoro col campo morfogenetico sul Bene e il Male ha permesso di evidenziare come ci rapportiamo con la nostra dualità che ha origini lontane, interiori e profonde: Archetipi, Forze Cosxienti e Universali che giocano a nascondino, spesso, a nostra totale insaputa.

Il Bene e il Male, due facce di un'unica medaglia, vanno riconosciuti, accettati, integrati ed uniti.
Questo è in sintesi il LAVORO A CUI TUTTI NOI, SU OGNI LIVELLO DELL'ESSERE, SIAMO CHIAMATI A PORRE LA TOTALE ATTENZIONE.
Gli opposti, che sono di fatto già complementari, vanno subliminati e riconciliati in assoluti: giusto e sbagliato, vero e falso, bianco e nero non sono nient'altro che due facce della stessa medaglia, siamo noi e solo noi che ne decretiamo ora un senso e dopo un altro. Siamo sempre e comunque gli artefici dei nostri umori, dei nostri stati d'animo e della conseguente Realtà che si manifesta. Necessitiamo di UNIRE, di RICONCILIARE il nostro Principio maschile a quello femminile per avere accesso alla totalità, all'androgino primordiale, a Lui: il nostro MAESTRO INTERIORE, il vero padrone.
In Realtà il Maestro è già dentro ognuno di noi. È Lui che guida ogni nostro pensiero e ogni azione. Alcuni lo chiamano Illuminazione, altri Sé Superiore, altri ancora Dio oppure lo riflettono e lo personificano in un Maestro Spirituale, una Guida, un Eroe. Il Maestro è la nostra Guida, la nostra Cosxienza, la Voce Interiore che parla dentro di noi e ci comunica sempre e solo la Verità. Il Maestro è il nostro Corpo, la nostra Percezione, la nostra Aspirazione, il nostro Pensiero silenzioso, il nostro Desiderio che sgorga ed emerge solo ed esclusivamente dall'Amore.
IL MAESTRO SONO IO, IL MAESTRO SEI TU, IL MAESTRO SIAMO NOI.
Ogni esperienza in grado di donarci nuove informazioni sulla nostra Realtà si rivela il Maestro che abbiamo scelto per crescere ed Evolvere. La malattia, il dolore, il lutto, l'abbandono, ogni forma di sofferenza, ogni identificazione e conflitto, ogni distorsione e paura sono Maestri che ci mostrano la distanza tra noi e noi stessi. Lo stesso vale per ogni opposto. Questi, sono lo spazio e il tempo che noi scegliamo e che intercorre tra la loro comunione e integrazione. Sono il veleno che come un acido ci corrode per scrostare gli strati con cui abbiamo ricoperto la nostra ignea

Essenza. Sono i compiti e lo Scopo originario che come Anima abbiamo scelto in questa Vita.
Solo quando all'esterno riconosci l'Esperienza come tuo Maestro avrai totale accesso al tuo Essere.
Questa è la nostra priorità, questa è la nostra unica responsabilità.
Tu e solo tu sei artefice e creatore del mondo che rifletti all'esterno. Ogni nemico che incontriamo sul nostro cammino e che minaccia di farci soffrire, schiavizzarci, ucciderci o distruggerci è un Maestro che ci mostra dove sono i nostri punti deboli e ci invita a superarci, ci sprona a guardare in faccia la difficoltà per affrontarla e trascenderla.
Un evento incomprensibile ci insegna la comprensione, un evento terribile ci insegna la sopportazione e l'umiltà, ogni morte ci insegna ad andare oltre, l'intero corso dell'esistenza è un progressivo cammino di Conoscenza: questa è in Verità la Gnosi Divina che conduce al Risveglio.
Possiamo vedere il Maestro ovunque solo quando siamo in grado di riconoscerlo e onorarlo dentro di noi, perché la Realtà esteriore è il riflesso della nostra Cosxienza, sempre. Questo aspetto è utile che ognuno di noi lo elabori con il dovuto discernimento, come è utile poter essere strumenti gli uni per gli altri.

Dualità Soggiacenti
Il DNA, l'origine della Memoria e la funzione dei Campi Universali

La Legge del Tre – 3 – decreta che ogni aspetto della manifestazione abbia in essere due opposti con una Forza conciliatrice o neutra. Principio Universale che in questo piano determina ogni forma di vita organica, e ogni tipo di materia.
Il Corpo, il nostro involucro fisico materiale denso, essendo fatto della stessa Sostanza dello Spirito ha come unico fine l'evoluzione della Vita. Ogni funzione del corpo, come sistema Divino, è resa sacra nell'atto stesso in cui si esprime. Ogni organo, ogni cellula, ogni singolo elemento di

ciò che chiamiamo Corpo è al Servizio dell'insieme: qui tutto è comunione e AMORE.
Un'eterna ed infinita Relazione organica Autocosxiente e Autocreante. Il Corpo è sistema e strumento Divino, è l'organismo frattale microcosmico che ci insegna in modo spontaneo e pragmatico cosa significa la Vera Via Spirituale.
Nella Conoscenza e nell'Ascolto del Corpo sentiamo di esistere perché connessi con la Sostanza materiale della nostra Vera Essenza immateriale. Lo Spirito involuto presente in potenza nelle cellule, racchiude, come per il seme, la stessa Realtà assisa e presente nelle stelle.

I Lavori che sviluppiamo col Campo morfogenetico racchiudono in potenza, per la natura Universale ed Eterna del Campo stesso, miliardi di infinite memorie e possibilità. Il Campo opera tramite la Memoria presente nel DNA (che in origine è un'unica Fonte, un unico DNA) e quindi da questi si può, tramite un linguaggio o un Codice d'accesso, entrare in contatto con qualsiasi tipo di informazione che il Campo contiene. In sintesi nel corpo, nel nucleo della cellula, nel DNA, sono racchiuse e contenute in memoria tutte le informazioni della Materia, della Vita, della Mente e dell'intera Evoluzione, dall'origine dell'Universo.
Il corpo come Verità è quindi lo Spirito immanente, condensato nella Materia, è la Sustanza Madre di tutte le cose.

Il Corpo: Tempio dello Spirito
La Materia, la Vita e la Mente

Il corpo emerge, se così si può dire, dal plasma – Spirito immanente – Cosmico Primordiale dell'inizio dei tempi che i mistici chiamano Fuoco Igneo: il Fuoco di Prometeo. Questo FUOCO IGNEO in chimica, dicono gli scienziati, si dice composto di cariche elettriche fluttuanti in una enorme quantità di gas incandescente: energia quasi allo stato puro.

Mano a mano che la temperatura diminuisce, processo che richiede miliardi di anni, gli atomi si condensano e si stabilizzano dando origine al DNA primordiale e dunque all'organizzazione della materia. Stelle, Galassie e Soli cominciano a formarsi da quel primo atomo di idrogeno, composto da un protone e da un neutrone (3 - Padre, Madre e Figlio), che via via diventa elio, cioè la fusione di quattro atomi di idrogeno; questi a loro volta si fonderanno assieme in atomi sempre più densi e pesanti: carbonio, azoto, ossigeno, fosforo, silicio, dando origine alla Terra primordiale.
L'uomo è dunque a tutti gli effetti una Creatura Cosmica, che racchiude in sé la Memoria dell'intero Universo.
Egli è per ora la congiunzione, l'apogeo evolutivo di questo processo Universale. Gli atomi del nostro corpo sono gli stessi che quindici miliardi di anni fa (se vogliamo dare un tempo) cominciarono ad aggregarsi e a creare la materia, il mondo della Madre, il luogo dell'origine della Vita. Occorrono dieci miliardi di anni, secondo gli studiosi, perché appaia la Terra, o meglio un oceano primigenio, una culla ancestrale costituita di "brodo primordiale" dove si agitano le molecole nate dall'aggregazione dei primi atomi. Terra e Acqua, Madre e Utero, grembo e culla sono pronte per accogliere il Principio creatore catalizzante, fecondante: la Luce, la Cosxienza. Una accecante luminosità primordiale fatta di calore, raggi gamma, raggi ultravioletti, scariche elettriche e fulmini purpurei fornisce la Forza Cosxienza aggregante (AMORE) per generare la materia organica.
Il Fuoco genera la Vita. La Vita in un'Autocreazione rigenera la Vita. L'ossigeno inizia ad essere prodotto dal metabolismo degli organismi anaerobici, i primi batteri, e con l'ossigeno compaiono i processi ossidativi e di combustione. Dopo la terra e l'acqua compaiono l'aria e il fuoco come elementi addensanti. I metabolismi e le trasformazioni cellulari diventano più veloci con la comparsa dei processi di combustione e ossidazione. L'energia viene estratta dalla materia, il fuoco senza fiamma delle reazioni chimiche organiche libera, espande e trasforma la Cosxienza: tutti questi

processi sono Memorie iscritte su un disco fisso eterico che possiamo definire il Campo Morfogenetico.
Dice la scienza che per due miliardi di anni i batteri sono i soli e incontrastati esseri viventi del pianeta Terra. Nei successivi 1,5 miliardi di anni compaiono i primi organismi unicellulari. Né i batteri né le cellule sono visibili a occhio nudo, ma tra loro vi è la stessa differenza che passa tra la struttura di una capanna e quella di una cattedrale gotica.
L'aumento esponenziale della loro dimensione e il ritiro delle acque dei mari sviluppa organismi via via più complessi determinando la necessità di una struttura sempre più solida (lo scheletro), che permetta il movimento in presenza di maggiore gravità (i muscoli) e che sostituisca efficacemente l'ambiente marino (la circolazione del sangue).
Organismi vegetali e animali pluricellulari si diversificano nel corso degli ultimi settecento milioni di anni generando le varietà di piante e animali che hanno popolato e popolano il nostro pianeta. E non è finita.

Il Corpo, contenitore dell'oceano, delle terre emerse, delle stelle, nato dall'Universo e Universo anch'esso, è il luogo dell'Unione, dove ogni impulso contrastante si fonde a formare il Tutto: l'Uno senza secondo.
Il Verbo che prima aleggiava sulle acque si manifesta nell'anima individuale, e diviene ciò che tiene insieme le parti, il collante universale, il legame d'Amore con l'Assoluto. *La Sua sede è il Corpo, che si fa tempio senza tempo.*
L'autenticità del Corpo è inoppugnabile, inevitabile: come Sostanza, vestito e veicolo della Cosxienza, esso rappresenta e riflette ogni minima mutazione dell'equilibrio psicofisico.
In Esso è racchiuso e si rappresenta crudamente il dramma della Vita, il susseguirsi delle stagioni, l'alternarsi degli stati d'animo, delle intenzioni, degli eventi.
Al di là di qualsiasi manipolazione genetica, intellettuale o chirurgica, con cui tentiamo di sfuggire alla Verità, alla fine in questo piano di Realtà siamo sempre ricondotti a noi stessi dalle esigenze del Corpo. Se cerchia-

mo Dio come principio unificante, come Via, come Verità e come Vita non è fuori che lo troveremo, ma innanzitutto dentro di noi. Nel nostro spazio Sacro interiore, nel Corpo.
Il Corpo dunque è la coppa, il sacro Graal, il tempio di Salomone, l'utero primordiale che contiene la totalità di tutte le cose, che racchiude in sé tutte le Memorie dell'intero Universo.

Questo è lo strumento con cui attualmente possiamo "giocare" e lascio ad ognuno di voi il compito di poter valutare e comprendere le infinite possibilità che tutto ciò offre e può determinare per l'individuale Esperienza evolutiva. Naturalmente è utile e chiarificante poter rimembrare che tutte queste infinite possibilità di utilizzo, disponibili grazie al Campo, sono per natura e per una Legge Universale soggette a limitazione.

Questi Poteri-Forze sono custoditi in contenitori che possiamo per semplicità dividere in tre recipienti Universali, ed è semplicemente uno stato di Cosxienza che permette l'accesso a questi campi. Ma come si suddividono?

1) Fisico Universale. Il Campo Fisico Universale è l'inconscio. L'inconscio (molto Cosxiente) è la parte sommersa e nascosta della psiche che opera attraverso i primi due centri energetici psicologici in cui ha sede la mente Fisica (io fisico), meccanica e sensoriale. Questi centri di Cosxienza rappresentano, come evoluzione, i minerali e i primi esseri pluricellulari sensibili. I primi due centri (fisico e vitale inferiore) possiedono scopi autonomi nascosti che preservano innanzitutto la Vita (Psicobiologia), sconosciuti alla Cosxienza superficiale che utilizza grandi quantità di energia per realizzarli.
In questo reame della natura fisica umana le esperienze di superficie, come una matrioska, si compenetrano in un sistema autopoietico che si esprime, nella vita sociale, in tre ulteriori strati: individuale, familiare e collettivo.

È un nucleo magmatico, colmo di ricordi, di esperienze che risalgono ai primordi della comparsa della Vita, ed è la sede dell'Istinto primordiale umano.

2) Vitale Universale. Il Campo Vitale Universale è il Subcosciente. Il Subcosciente (poco sub) ha come porte il 2°, 3° e 4° centro energetico psicologico e rappresenta lo stadio evolutivo dei primi organismi: vegetali, insetti, pesci, anfibi, uccelli e mammiferi.
Questo serbatoio è costituito da ricordi e contenuti psichici emotivi non completamente consci ma che possono essere evocati e richiamati alla Cosxienza: desideri, volontà, emozioni e sentimenti legati a determinate fasi e circostanze della Vita che in eoni ha colonizzato la materia.
Tutti i desideri, le volontà, i sentimenti e le emozioni degli esseri umani, belli o brutti che siano, sono in potenza registrati, racchiusi e preservati in questo serbatoio.

3) Mentale Universale. Il Campo Mentale Universale è la Mente Cosxiente. È la parte superficiale ed emergente della psiche, la cosxienza di facciata, ordinaria e normale elaborazione, analisi e percezione dei pensieri, delle idee, dei ricordi; é la capacità di realizzare, programmare, collocare e prevedere, in virtù dell'esperienza in atto, comportamenti e risposte adeguati. Un semplice elaboratore dati organico che pesca ogni informazione dai serbatoi Fisici e Vitali, citati in precedenza. Benché tutto ciò possa sembrare riduttivo e semplicistico, è la Cosxienza che attualmente pervade, conforma e informa la società mondiale.

Conoscenza Applicata

Questa breve esemplificazione sin qui trattata, che per essere spiegata a parole necessiterebbe non di alcune pagine ma di interi volumi, è alla base del processo di sintesi che proponiamo qui ad Altrove.

Altrove, un processo unico nel suo insieme, è un laboratorio che anela a sviluppare rimedi e vaccini atti a destrutturare e sanare tutti quei costrutti naturalmente ereditati che determinano ogni singolo schema autolimitante che ci costringe, inconsciamente, a rimanere imbrigliati nella Paura della sofferenza, della malattia, della pochezza, dell'insicurezza e della morte. Questi processi, meglio espressi in psicogenealogia, sono parte integrante dei nostri funzionamenti che si agglomerano in un insieme affollato e variopinto di aggregati psichici, ciò che definiamo "io" o "me stesso", e rivestono la personalità e il carattere di ogni individuo.
Benché molte esperienze e ricordi, soprattutto legati ai primissimi anni di vita, vengano rimossi e allontanati dalla cosxienza, essi tuttavia tentano continuamente di emergere e manifestarsi. Se la mente di superficie impedisce la loro espressione, assumono forme negative e compulsive, diventano schemi, programmi, psicoprigioni, ossessioni, atti illogici.
Se non riesco a riconoscere i miei bisogni, se non mi permetto di agire seguendo sentimenti ed emozioni, se neppure riesco a immaginare quello che potrebbe rendermi felice e nutro una profonda disperazione nel senso stesso della mia esistenza, allora sarò facile preda del dramma, del trauma e dell'IDENTIFICAZIONE INCONSAPEVOLE: una nevrosi.
La nevrosi è sostanzialmente l'incapacità di risolvere adeguatamente i conflitti che incontriamo nella nostra Vita a causa di interferenze da parte dell'inconscio e del subconscio, per cui se ben compresa risulta essere una grande opportunità per poterci superare ed Evolvere.
È il nostro piombo che nella subliminazione diviene oro. L'impossibilità che diviene possibilità.
Il Lavoro che sviluppiamo va ad operare chirurgicamente anche su questi due serbatoi – inconscio e subconscio – ove risiedono le ataviche memorie che determinano in modo occulto gran parte di ciò che in superficie crediamo di essere e di sapere di noi.
Questo è il vaccino, la Cura.

Pertanto, i contenuti rimossi e i conflitti possono essere trasformati in

comportamenti creativi e positivi: la sublimazione è la risoluzione creativa di un conflitto, l'integrazione degli opposti in un insieme che genera riconciliazione assoluta.
Se la nevrosi è quindi da ritenere una patologia a tutti gli effetti, la sublimazione rappresenta una rielaborazione realistica e positiva del conflitto e dello stesso processo nevrotico. Il processo di sublimazione è alla base dell'ispirazione artistica e di ogni comportamento utile alla VITA. La sublimazione, al di là di ogni credenza etica e morale, agisce seguendo il Principio di Realtà, è la realizzazione del desiderio frustrato o l'appagamento del bisogno proibito in atteggiamenti conformi alle norme e ai divieti sociali.
La sublimazione è quanto di più profondo e reale conduca verso lo Scopo della nostra VITA.
I vari passaggi precedentemente descritti si rivelano e sono gli strumenti fondamentali del processo di sublimazione attivo al centro Altrove.
Un Lavoro foriero di realistiche esperienze ci attende quindi. Qui, in questo MAGICO LUOGO, la fine e l'inizio sono riuniti costantemente in un arrivo. Sono riuniti per insegnarci la totalità e l'impermanenza delle cose. La divisione, la separazione a cui per ignoranza ci siamo assoggettati e schiavizzati, è solo uno stato di Cosxienza, è una Verità che elabora la nostra cosxienza ordinaria di superficie, ma per certo non è la Vera Realtà di unione e di Amore che tutti noi nel profondo già siamo.
Questo è in fondo un Gioco, e solo ai bambini è permesso giocare.
Ho detto

Lux Radix

Lume II

Legge del Tre

10 Maggio 2015

La trasformazione è come una Luce che vivifica, riscalda e illumina. Tutti noi in questo processo di rieducazione beneficiamo di questa rinascita che apre sempre nuovi scenari. Nuovi orizzonti, abbondanti di acquisizioni e realizzazioni sia individuali che di gruppo.
Un Ordine Nuovo determina il Lavoro. Ogni alito di vento che spira sulle vele della Rosa d'Altrove è un soffio Divino che induce Realtà e Amore. Un unico movimento da parte di tutti è richiesto: spiegare le vele e lasciarsi riempire da questo vento caldo di Rinnovamento.

LEGGE DEL SETTE: L'ORDINE MANIFESTO DEL PADRE SUPREMO
LEGGE DEL TRE: LA CREAZIONE DELLA MADRE DIVINA

Strutture Compiute per Esistere

Desidero sperimentare il fatto che esisto, non solo come corpo, animale o macchina, ma come Essere Umano. I miei pensieri, le emozioni e i sentimenti, oggi sono al livello di un animale: se entro nell'umiltà, lo posso accettare. Quando rivolgo l'attenzione a me stesso scopro che non sono mai consapevole, mai sveglio: dormo. Non so che esisto o come esisto, non conosco cos'è la Vita, forse sopravvivo e credo di esistere; semplicemente, me ne dimentico. Tutta la mia Vita scorre senza che io faccia Reale Esperienza della cosa più importante. Se cerco di rivolgere l'attenzione verso di me, mi accorgo che è difficile, e infatti nella compulsione diffi-

cilmente ci riesco o ci provo. La mia attenzione è sempre attratta da qualcosa che non è me. Il mondo esterno, gli altri, il lavoro, i figli, l'amore mi attraggono come per magia.
È tutto importante, tranne me. Riesco a pensare al mondo esterno, agli altri, ma raramente a me e a quello che sono. Perciò il primo passo è pensare che "Io esisto", al Fatto di Esistere. Senza questa costante Aspirazione ad Essere non mi ricorderò mai della mia esistenza. E tuttavia questa Aspirazione in sé non è sufficiente, non è un'Esperienza fattiva.
Solo il mio pensiero è Presente, nell'Autosservazione mi RICORDO di me. Per ricordarmi della mia esistenza devo Aspirare ardentemente ad Essere. Ma non ho desideri coerenti, solo processi convulsi e frammentati, non sono abituato ad avere priorità e attenzione, mi adeguo a sopravvivere: non mi interessa il fatto che potrei esistere. Per ora sono gli "altri" fuori da me che mi danno il senso che io esista, sono esterioflesso, sperimento un senso di me stesso relativo e frammentato.
Se davvero me ne rendo conto e ne prendo Cosxienza, è uno shock.
Se inizio ad indagare su cosa sono e scopro l'illusione, è uno shock.

Comincio a capire che non ho alcuna padronanza di me, che le mie emozioni e il mio sentimento non mi obbediscono, che non ho su di essi alcun potere, anzi ne sono succube e schiavo. Do per scontata la mia esistenza, ma se sincero mi accorgo che non la conosco. Non so cosa significhi esistere come Essere Umano; se umile ammetto di essere uno schiavo delle mie credenze. Tuttavia, finché non mi rendo conto di esistere, non saprò "perché" e non saprò mai "come" esisto.
Devo FARNE ESPERIENZA, conoscermi: la mia esistenza deve essere COSXIENTE, oppure non avrà senso, anzi sarà solo un mondo preda dei "sensi".
Cosa significa conoscere e fare Esperienza?
Devo capire che il mio pensiero non è sufficiente, che non sperimenterò mai nulla col solo pensiero, e devo portare più Esperienza all'interno della mia Presenza. Ma come?

Devo rendermi conto che quel che mi manca è la connessione col CORPO, senza la quale sono catturato nei pensieri o nelle emozioni mutevoli che aprono la strada alla fantasia e all'immaginazione. E così il Corpo per me è o un padrone, un tiranno che richiede la soddisfazione degli appetiti, degli impulsi e degli istinti, oppure un nemico che obbligo a pagare con i miei accidenti a causa dei miei pensieri e sentimenti negativi e velenosi. Il Corpo è al livello della Terra e trae la sua Forza da essa. La nostra azione nella Vita si svolge a quel livello, in quella sfera, non nell'aria e nemmeno nel fuoco. Devo sentire il Corpo sulla Terra, sul terreno, devo essere stabile, duraturo, immobile, accogliente, fertile, abbondante: TERRA.

Posso utilizzare questa FORZA-ELEMENTO come strumento di contatto.
Lo faccio con la sensazione: sentendo il suo peso, la sua massa e, cosa ancora più importante, sentendo che c'è al suo interno una Forza, un'Energia Potenziale. Attraverso la sensazione occorre sentire una connessione col Corpo, così profonda da diventare come un magnete, una comunione. Tuttavia ci sono sensazioni e sensazioni, come percezioni e percezioni, vibrazioni e vibrazioni. Vari stadi, gradi e ritmi che determinano l'ordine e la creazione di Infiniti Mondi intelligenti.
Per il momento devo solo rendermi conto che la sensazione è uno strumento di Conoscenza, uno strumento di contatto con me stesso.

Se desidero sapere che esisto, devo sentire la Forza e l'Energia dentro di me attraverso il contatto. Se, ad esempio, desidero conoscere la qualità del mio pensiero, devo entrare in contatto con esso attraverso una determinata sensazione mentale (percezione). E lo stesso con l'Energia del corpo, dell'emozione e del sentimento. Necessito di avere una Sensazione Superiore, non soltanto della carne, delle tensioni, ma una sensazione interna dell'Energia, della Forza, una sensazione del Corpo Vivo.
È difficile avere una sensazione volontaria. Nella Vita nulla è in grado di

generare una sensazione interna, salvo un forte colpo, uno shock addizionale come una sofferenza profonda o un grande pericolo. Se non c'è nulla a forzarmi, non ho alcuna sensazione della mia esistenza. Quando non mi duole, dimentico di avere uno stomaco o un braccio.
Per conoscere lo stato delle energie al mio interno, devo averne un'attenzione Cosxiente che sviluppi una sensazione volontaria.
Un uomo Cosxiente avrebbe una sensazione permanente di se stesso e saprebbe sempre com'è al suo interno.
Perciò il nostro primo obiettivo è sviluppare una sensazione interna, una Sensazione interiore sia individuale che di Gruppo.

Obbedire all'attrazione magnetica e magica della Madre Terra

Esistono in me due tipi di Energia: una discendente, Cosxienza, ed una ascendente, Forza.
Il Corpo obbedisce all'attrazione della Terra, da cui trae la propria Energia ascendente. L'Energia discendente più sottile che è in me obbedisce invece a un'altra attrazione. Questo processo, questa danza tra Cosxienza e Forza è di fatto il movimento creante, seppur in Realtà tutto si esprime e si sviluppa simultaneamente.
Quando il corpo si conforma all'attrazione della Terra, la Forza sottile è libera, come se i due movimenti fossero complementari. È ciò che permette all'uomo di stare in piedi e di essere "verticale".
Sempre e in tutte le circostanze devo accettare questa Legge da cui si genera il mio equilibrio e lasciare che queste Forze agiscano liberamente in me. Quando obbedisco in modo consapevole all'attrazione della Terra, la Forza sottile si libera e il mio io ordinario, il mio ego, può trasmutare e trova il suo posto, il suo Scopo. I due poli, sono sì estremi, ma correlati, affini e speculari.
Obbedisco a questa Legge e trovo il mio posto in un mondo di Forze che mi ha reso quello che sono. Ma il solo pensare a questo non mi aiuta: devo

viverlo, devo FARLO, devo ESSERLO.
Devo poter conoscere ed allentare le tensioni che limitano la mia recettività, che occludono questo passaggio, questo sodalizio.

Tensioni e Rilassamento
Gioco di Forze Creanti

Tensione e rilassamento hanno una grande importanza per il modo in cui ci manifestiamo e ci relazioniamo col mondo intorno a noi. È utile ammettere a noi stessi, in sincerità, che se identificati in uno schema di facciata ci poniamo verso la Vita esclusivamente per prendere, ottenere, accumulare, opporci o comandare. Ogni nostra "Affermazione" sta nelle tensioni che si rivelano "Negazioni". Queste stesse tensioni ci separano da un'Energia sottile, una Realtà più essenziale. Siamo imprigionati nelle tensioni e le nostre possibilità non si sviluppano: non ci esprimiamo in modo spontaneo. La nostra attenzione non potrà mai agire se incontra nel corpo una tensione (abitudine meccanica) che le resiste. Viene trattenuta in superficie, incapace di penetrare ai livelli più profondi di noi e se non assimilata non TRASFORMA.

Devo accettare che le tensioni meccaniche mi limitano e che per ora ho accesso a me stesso solo tramite la sensazione.
Ma ci sono tipi diversi di sensazione.
Quello che in genere conosciamo deriva dalla tensione spesso incontrollata, talvolta lieve, che compare quando il pensiero viene diretto a una parte del corpo. È una sensazione statica, una memoria cellulare fissata su una parte specifica; può essere indagata e studiata solo bloccando il movimento o limitando la risposta. Questa sensazione risveglia un'energia superficiale, la profondità non ne viene toccata. Per ricevere una sensazione più profonda, una sensazione di Realtà, ci dev'essere un abbandono in cui sono completamente Libero e disponibile, recettivo e in assenza di

risposta. Invece di cercare una sensazione, ho bisogno di aprirmi e ricevere l'impressione di una vibrazione più sottile: mi permetto di essere fragile e vulnerabile e Ascolto la Realtà della Vita.
Perché ciò sia possibile deve comparire un nuovo sentimento che permetta alla vibrazione di diffondersi.
La qualità della sensazione dipende dallo stato del corpo.
Nel prestare attenzione al mio stato abituale, scopro che il rilassamento e la tensione sono un'azione costante. O c'è una tensione esagerata, quando mi affermo con violenza, presunzione o orgoglio, oppure c'è abbandono, quando mi arrendo vinto dalla debolezza dell'autonegazione di me.

Quando all'inizio dell'indagine capisco che quest'azione è diretta dall'ego (dai molti "io" ordinari di superficie) comincio a sentire il bisogno profondo di spogliarla del suo duro rivestimento per far dispiegare in me la Vita.

Allento la tensione e la rigidità, mi apro all'Esperienza e posso sperimentare un movimento discendente, una liberazione della Forza trattenuta nelle mie tensioni. Una volta in movimento, questa Forza si sottomette da sola all'attrazione della Terra e le obbedisce (Spiritualizzo la mia MATERIA). In questo movimento accade un effetto direi trasformante e subliminante. Simultaneamente, sento sopraggiungere una Forza ascendente, che permette a tutti i centri di integrarsi in un'unica Presenza.

Solo nel momento in cui sono consapevole della mia incapacità e del mio rifiuto si presenta la possibilità di ricevere una vibrazione di Energia più sottile.
Dal momento in cui lo so, c'è un'apertura al passaggio di informazioni e vibrazioni di una densità differente, come se si fosse attraversata una "porta", prendo contatto con l'Interiore del mio ESSERE, sono in contatto con la mia Essenza, senza veli, niente filtri: in questo luogo non luogo c'è Amore e Pace.

Una Sensazione Circolare
Indagine Globale

Mi ci vorranno molto tempo ed un costante Lavoro per iniziare a capire il significato delle mie tensioni. Ma oggi riesco a vedere che ci sono e che l'energia al mio interno non è libera, anzi è preda di ogni sorta di frammento psichico che io credo sia me stesso. I pensieri sono tensioni, e così pure le emozioni e i sentimenti.

Nella mente fisica l'energia è bloccata da vibrazioni di inerzia che mi trattengono nelle parti inferiori del mio Essere: sono fermo e statico ma sperimento l'illusione che mi muovo, che vivo.

Sono bloccato dalle tensioni, come legato, obbligato a soddisfare i bisogni specifici di una parte o dell'altra senza prendere in considerazione il tutto. Sono scisso e meccanico. La mia energia non è libera di seguire il movimento privo di ostacoli.
Ho bisogno, prima di tutto, di sperimentare l'energia che si libera. In genere sperimento l'energia in me in una forma degradata e non controllata, ma necessito di partire da qualcosa.

Lentamente, senza fretta, forse posso conoscere quest'energia in una forma più Pura, più stabile, e fare così esperienza di quel che REALMENTE sono e di come REALMENTE funziono.
Affinché ciò sia possibile devo lavorare per non avere tensioni.
Devo imparare a non giudicare, a non aspettarmi nulla, a non sperare, a rimanere solo nella consapevolezza di ciò che è. Devo restare sull'esperienza, così com'è.
Arriverò forse allora a percepire in me una Presenza viva, una Sensazione globale della Vita del tutto, che è semplicemente così com'è, oltre ogni immaginazione e fantasticheria.

Equanimità
Cosxiente Equilibrio

Cercare un equilibrio tra tensione e rilassamento mi apre alla lotta con l'io ordinario: conosco finalmente il mio AVVERSARIO.
Quando sono rilassato e provo la sensazione di un "me intero", integro, non sono separato dall'Essere Interiore. Sono Uno. Nel mio Vero Essere io già Sono, e Sono Libero. Posso vivere questo stato fintantoché sono orientato al VERO e mantengo un EQUANIME atteggiamento, una giusta postura interna, un equilibrio tra tensione e rilassamento. Sono centrato e sperimento una Sensazione Superiore e Globale di me stesso. Spontaneamente, vedo la tendenza a diventare di nuovo parziale, a ritornare continuamente a tensioni che sono sempre uguali e mantengono in vita l'io ordinario di superficie.
Sono vigile e sento profonda la NECESSITÀ di un abbandono che mi liberi da queste tendenze abitudinarie. È e diviene ad ogni istante la mia unica e sola PRIORITÀ.
È questa la battaglia per essere ciò che sono, una battaglia tra l'io soggettivo, incarnato nelle tensioni, e la Vita sconosciuta in me. Tutta la mia Vita prende forma da questa lotta, ecco la mia unica e sola Priorità: Evadere e liberarmi dalla schiavitù dell'illusione.

Se voglio vivere consapevolmente questo Lavoro devo comprenderlo e affermare con certezza che le tensioni formano la trama negativa di sofferenza della mia Vita.
Esse sono sempre qui: la mente trascinata verso un obiettivo e il corpo teso verso ciò che la mente mi impone. Anche quando non ho un obiettivo pressante ci sono in me tensioni cristallizzate. E in ogni tensione è impegnato tutto il mio Essere: dissipo ogni mio Fuoco, sono cibo di entità aggregate alla mia Sostanza.
Nel tentativo di aprirmi a una sensazione di me, mi accorgo di essere ancora pieno di tensioni. Devo svuotare, lasciare andare senza paura di

perdere ciò che di fatto non ho. Queste contrazioni sono la mia unica sensazione, come un muro che mi separa da me stesso. La mia attenzione non raggiunge la Presenza, che è già qui da sempre, ma che in me vive un'altra Vita. Sento una mancanza, un'insoddisfazione, un pungolo, un Vuoto Ontico. Il senso di questa mancanza è la Verità più grande a cui mi posso avvicinare oggi. È la Stella Arcana che mi indica il cammino.

Finché sono consapevole di questa mancanza, con un'attenzione Pura priva di interferenze del pensiero e del sentimento, vedo i limiti del mondo, del conosciuto, della forma che devo abbandonare per affrontare l'ignoto. Mi sento simile ad un Eroe, sono un Pioniere.

Tramite un'azione COSXIENTE che proviene dalla comprensione immediata della mia insufficienza e della mia misconosciuta nullità (quando autosservo il pensiero e mi accorgo di essere identificato), se accetto che sono nell'illusione UNISCO, così che il Corpo, propensivo nella sua interezza, si lascia andare per accordarsi a questa Presenza: comincio a vedere che ci sono infiniti gradi di sensazione che rappresentano un mondo per me fin'ora sconosciuto; vivevo solo e sempre nella testa: "pensavo di essere e quindi pensavo di vivere".

Per avere la sensazione di una Presenza nel corpo c'è bisogno di ASSENZA DI TENSIONE, quiete, recettività e di una grande sensibilità d'animo. Questa Sensazione Superiore nasce da un contatto che mi si rivela attimo dopo attimo. Qui in questo Adesso il mio Corpo è centrato, non è teso in alcuna direzione. Non è teso verso l'alto tramite il pensiero poiché non è la sua natura. Non mi spinge e io non lo spingo. Non c'è tensione. Mi sento Libero.
La mia interezza non è più minacciata; non percepisco più l'AVVERSARIO, non ho nemici, sono in PACE.
SONO AL TIMONE DELLA MIA VITA, GUIDO LA MIA EVOLUZIONE.

Fede
Pregare e Affidarsi

Comprendo e prendo Cosxienza che la Sensazione Superiore (o Interiore) è come un ATTO di obbedienza a questa Presenza. In questo atto sacro mi arrendo al Divino dal profondo del mio Essere e mi affido.
Spontaneo e sincero ringrazio e invoco: "Padre io mi rimetto a te, Madre fa che io sia sempre un umile strumento Evolutivo; non la mia ma la Tua volontà".

Il bisogno ancestrale e interiore di apertura verso la Reale Aspirazione Divina è quello che chiamiamo "Preghiera".
Nello stato di invocazione e di preghiera non esiste tensione, un Amore rilassato ci avvolge come un grembo materno, un'alcova Divina ci fa sentire di Essere a Casa.
Affidarsi e invocare un Ordine Superiore è di fatto pregare.
Prego dunque e sono Cosxiente che le mie suppliche, se umile e vero, prima o poi saranno accolte. Che dire ancora se non di "Essere", sempre più e meglio.
La Via della Rosa Felix apre dinanzi a noi un Infinito Universo che conduce non solo all'Evoluzione, ma ci invita e ci incita ad ire verso l'ignoto.
Ho detto

Lux Radix

Lume III

La Conquista del Mondo

7 Giugno 2015

Grazie all'utilizzo dei Campi morfogenetici, che agiscono sui relativi sistemi individuali, familiari e collettivi, e grazie al congiunto operato di questi anni, sono in atto costanti trasformazioni che permetteranno, nella destrutturazione dei vecchi schemi sistemici, una fattiva mutazione che manifesterà definitivamente, nelle Vite di tutti noi, reali ed evolutivi cambiamenti. Questo, nel nostro "piccolo", è ESSERE strumenti al Servizio di noi stessi e della collettività. Mangiando il Buon Frutto d'Altrove ti capita... l'indescrivibile...

Arcaica Iatromanzia

Se cerco di descrivervi la mia Esperienza in una parola, posso solo definirla "IATROMANTICA". Questo processo Iatromantico quando si esprime mi pone in un costante Stato Impersonale, una stabilità stabile, un'immobilità immobile, solida, imperitura, rigenerante, espandente, un altoforno che mi sfiamma e mi cuoce, che mi rielabora, mi struttura e destruttura costantemente e contemporaneamente. Un processo cellulare, subatomico che mi frigge come un elettrodo, direttamente nella carne, dentro, in profondità, nella Sostanza sottile del Corpo, nel nucleo profondo di ogni cellula, dell'unica Cellula.
È come essere sempre in uno spazio interdimensionale al confine di reami e gradi di Cosxienza che poi sono veri e propri mondi intelligenti che si uniscono e comunicano.

L'assimilazione di ogni nostra Sostanza, il vivere ed esperire le congiunte nostre esperienze, il contenerci, l'amarci, il ringraziarci, il digerirci, sviluppa nelle profondità del nostro ESSERE un'Esperienza Reale, un'ADESIONE DIRETTA mai sperimentata prima. Miliardi di informazioni ci espandono, ci informano e trasformano, subliminando ciò che ancora resiste alla discesa della Vera e unica Forza Sopramentale.

Divinità e arcaiche Forze

Il Lavoro di gruppo sul tema della Religione e della Sessualità fa sì che, oltre a lasciare andare antichi programmi, riemergano al loro posto arcaici talenti, poteri innati della nostra Divina Natura, che se coltivati, compresi, sviluppati e adeguatamente utilizzati (non per il Potere personale) possono ancora più e meglio condurci attraverso questo transito sorretti da uno Scopo, non più individuale e di gruppo, ma collettivo.
Non bisogna assolutamente restare pietrificati dalle suggestioni che scaturiscono naturali dal contatto con queste Forze fisiche e vitali, proprio perché questi movimenti, queste emersioni così potenti ed oscure, evocano in tutti noi memorie, che altro non sono che i trascorsi animici e le memorie di antiche esperienze.
La repressione dell'Autenticità umana perpetrata dalle varie religioni negli ultimi millenni ha operato tramite la soppressione, il dolore e l'ignoranza, per creare una forma oscura e demoniaca di queste divinità un tempo lucenti e amorevoli.
Nel suo sintetico e unico dire, Sri Aurobindo così si esprime:

> *"Queste divinità furono ad un tempo signori della Natura fisica e delle sue forme e dei suoi principi; i loro dèi, i loro corpi e gli intimi poteri divini con le loro corrispondenti condizioni ed energia sono innati nel nostro Essere Psichico perché essi sono i poteri spirituali dell'universo, i guardiani della verità e dell'immortalità, i figli dell'infinito e ciascuno*

di essi è anche nella sua origine e nella sua realtà ultima lo Spirito supremo che evidenzia uno dei suoi aspetti".

In altre parole la chiave di lettura sta nello Psichico, nell'Anima, inteso come involucro Spirituale dell'Entità Uomo. Allora appare chiaro come le descrizioni di "banali" riti e cerimonie sacrificali celino una sorta di "potere" psichico, simbolicamente espresso o represso; questi aspetti, propri del mondo fisico e vitale, sono rappresentazioni di divinità cosmiche, così come il loro riflesso nella vita interiore equivale a quelli che chiamiamo "dèi" (nella materia i nostri organi interni): tutti questi sono infatti puri nomi, aspetti e poteri di un solo, unico, Essere Divino.
Necessitiamo di UNIFICARE per procedere uniti verso una fattiva Transfigurazione, una visione Trascendentale della Realtà che è da sempre qui e non attende altro se non di essere scorta e accettata.
Una Visione del cosa sia Sacro e Profano è di sicuro poco accessibile e comprensibile a chi, ancora strutturato nella mente delle credenze, non può intuire cosa realmente accada intorno e dentro ognuno di noi: di certo oggi ad Altrove, in ognuno di noi, matura ad ogni attimo trascorso questo Senso di antica e regale Vastità.

I Lavori, grazie allo strumento dei Campi morfogenetici, hanno raggiunto livelli profondi, rituali e atemporali che portano alla Luce irretimenti e "legami" arcaici, sospesi tra il conosciuto e l'inconoscibile, tra il visibile e l'invisibile.
Una Magia naturale che può essere a disposizione di chiunque. Tutti in potenza siamo Maghi e Iatromanti.
Lo Iatromante è colui che esprime e rappresenta il "sacro" o che traspare dal sacro ed è quindi colui che opera fattivamente una intermediazione fra il piano umano e quel piano altro che possiamo, per comodità, chiamare invisibile e Divino.
Tale ruolo, consente al medium, all'Iniziato, alla guida, di porre se stesso come canale fra due mondi e quindi di conferire maieuticamente le Ini-

ziazioni, ovvero di operare attivando una serie di eventi e di circostanze nella Realtà dell'Iniziando che, se pronto, determinano l'effettivo mutamento della sua Vita dopo il Lavoro.
Teosintesi applicata, pratica di casa qui ad Altrove, è sempre più uno Strumento straordinario e pionieristico che, con grande umiltà, ci viene concesso di utilizzare e offrire quale fattivo veicolo al Servizio di tutti.
Ciò diviene realmente possibile, in quanto la "Magia" consiste essenzialmente nella capacità di modificare il proprio "sistema del Reale" sulla base della propria Volontà e dell'Aspirazione ad evolversi. La "Magia" consente di produrre, grazie all'Intuizione, un Atto Creativo relativo al Vero proposito in sé di quel dato momento nel voler essere altro. Ecco che è proprio per questo che la Realtà individuale e di gruppo si è stabilizzata in tutti con un profondo processo di mutazione e trasformazione che si volge verso qualcosa di totalmente inaspettato e nuovo. Un'Intuizione di gruppo direi, che ci conduce diritti alla conquista del mondo.

La Conquista del Mondo
Ere a confronto

Un'INTUIZIONE non può essere trascritta né a parole né tanto meno a simboli. In Essa vi è racchiusa una totalità di eventi che la mente, come strumento, non riesce ad elaborare e a contenere. Il Lavoro che svolgiamo racchiude in sintesi uno Scopo. Un'emanazione Divina partita da lontane ere (Eoni) che si è veicolata come radiante plasma attraverso infinite umane vicende per formarci, informarci e condurci all'attuale Esperienza che tutti insieme in comunione condividiamo e con amorevole fare portiamo avanti. Nel gruppo sta emergendo molto chiaramente una stirpe di Esseri che si va via via ritrovando e ricongiungendo in un organismo di Anime in cammino.

Il Cosmo e la Legge del tre
Madre, Padre e Figlio

Una triade di ere in un incessante susseguirsi ha creato e sviluppato il sistema uomo che attualmente popola questo pianeta. È bene ricordare che noi non siamo l'apice che la natura umana esprime, ma solo un fase intermedia: noi siamo un essere di transizione che prepara e porta *in nuce* ben altro e molto altro ancora.
Sinteticamente l'età dello sviluppo dell'Uomo si suddivide in modo ciclico e costante in tre fasi:

1 - il progressivo mutare della struttura sociale ed economica dell'Uomo;
2 - il progressivo mutare del rapporto fra immanenza e trascendenza nell'Uomo;
3 - il lento ma inesorabile sviluppo di un punto culmine e cruciale (di non ritorno) delle mutazioni precedenti in un Archetipo sociale, psicologico, Psichico e Metafisico che riassume in sé il senso dell'intera era (Eone) come acquisizione dell'avventura della Cosxienza stessa. Una centrifuga di eonica sintesi…

1 - Madre
Nella nostra comune esperienza la prima fase è rappresentata dal Simbolo e Archetipo della Madre: la fase matriarcale manifesta un'immagine Dio-Dea catalizzante ogni aspetto della Natura in senso strettamente istintuale e rituale. Il Principio femminile in questo eone esprime la sua massima espansione. L'aspirazione verso il trascendente non contempla ancora l'astrazione mentale e filosofica propria della mente che più tardi si volgerà evolutivamente proprio verso questa trascendenza. Si sviluppa questo processo come un modo di intendere il Divino poco "mediato" ma molto attivo e pragmatico, che si condensa nell'osservazione della Natura, in riti pagani che contemplano in cicli l'obiettiva Potenza Creatrice e Distruttrice di Madre Terra. Più in generale, un Eone identifica un perio-

do che ha una qualità propria e una forma del pensiero e del sentire che INFORMA (un Campo morfogenetico) e si riversa nella struttura sociale creando di riflesso modelli di pensiero, comportamento, credenze e attività di Vita a-temporali, mantenendo in essere le esperienze già acquisite. Questo processo si manifesta, si autoalimenta e sostiene grazie ad un Campo Universale che, quale COSXIENZA collettiva volta all'Evoluzione della specie (in questo caso umana), memorizza ogni tipo di informazione-esperienza per preservarla e renderla accessibile a tutti coloro che sono preposti all'evoluzione della specie stessa. In questa prima fase, ciò che prevale nell'Uomo e nella Donna di modello matriarcale è un approccio di praticità ed immediatezza, di intuizione istintiva sviluppata grazie ai primi quattro centri e contenuta nei relativi Campi di Cosxienza.
Questo primo approccio della Cosxienza usa questi processi quali strumenti cognitivi e come proiezione del Sé nella realtà circostante riflessa nei moti ciclici della Natura: qui si trova la culla delle tradizioni sciamaniche, del paganesimo, del panteismo, della formazione e venerazione dell'Archetipo Femminile come simbolo del ciclo della Vita e della Morte.

2 - Padre

L'Eone successivo parallelo, compensativo o conseguente, è l'Eone patriarcale, in quanto il Simbolo e Archetipo che lo riassume e lo sublima è quello raffigurato dal culto del Dio guerriero che protegge, conquista, edifica, sviluppa, e contribuisce a una visione del Divino molto più complessa, strutturata, non più ciclica ma lineare e stabile. L'Eone patriarcale è caratterizzato dalla prevalenza del maschio sulla femmina, dal decadere della venerazione della natura fertile e dalla creazione della famiglia come nucleo controllabile (seme delle attuali città e degli stati) entro il quale relegare l'espressione dell'Amore e della sessualità (seme delle attuali religioni): elementi che per necessità del tempo si sono naturalmente e progressivamente asserviti alle ovvie esigenze di una realtà sociale sempre più in crescita, espansa e complessa. Nel frattempo, come è stato per la società matriarcale che per rigore evolutivo lascia il posto al pratriarcato, in questa era si sta strutturando un movimento che, lentamente, forma ed edifica una nuova Cosxienza, che muta inesorabilmente il sistema collettivo generando un nuovo processo evolutivo. La mente di pensiero ordinario, strumento di transizione, inesorabilmente lascia spazio ad uno strumento meno razionale e logico: la Mente Intuitiva. Questa transizione attua un passaggio che conduce naturalmente ad un'acquisizione interiore e profonda, e pone le basi per l'Età d'Oro tanto sospirata e annunciata da saggi e veggenti. Tutto ciò che era Divino, naturale e reale, in questo eone diviene antidivino, innaturale e irreale. In questa fase si va oltre il conosciuto e si va verso una radicale trasformazione. Le attuali esperienze dimostrano che questo cambiamento mina le radici di tutto ciò a cui ci siamo affidati in passato. Dalle religioni alle filosofie, alle teologie, allo sviluppo della ragione come strumento cognitivo e conoscitivo, logico e razionale, allo sviluppo della civiltà in senso storico ed infine alla traformazione del monoteismo, dei dogmi e del concetto del bene e del male, non più relativo e necessario, ma rivisto come assoluto e trascendente.

3 - Figlio

Quale naturale processo evolutivo, il terzo momento ciclico eonico di "qualità tempo" dell'Uomo sviluppa l'età del Figlio. Quel Figlio dell'Uomo citato a suo tempo da Qualcuno.

Il Figlio, l'Uomo Nuovo, è l'assoluta novità dell'era contemporanea e riassume in sé ogni aspetto percepibile di quest'epoca incredibile, assolutamente innovativa. Il Figlio è il ribaltamento rapido, goffo, rivoluzionario, provocatorio, gridato, guerresco, passionale dei parametri propri dell'era del Padre. L'Eone del Figlio è votato alla distruzione (destrutturazione, spersonalizzazione e individualizzazione) in attesa della ricostruzione; è il pugno scagliato per frantumare, distruggere e ricostruire.

La Subliminazione di questi due cicli (ben evidente nella mitologia greca) tende a superare inesorabilmente la dicotomia morale del Bene Assoluto contrapposto ad un Male Assoluto e, dunque, abbandona l'idea duale, ciclica ed escatologica. Scompare progressivamente l'Uomo che nella sua tensione al Divino guarda in basso, nelle viscere fertili e terrifiche della Terra Natura (come Madre), e scompare ugualmente l'Uomo che ricerca la Mistica nell'ascesi verso i cieli di un Dio onnipotente e lontano (come Padre) per lasciare posto all'Uomo N-UOVO che rivolge dentro a Se Stesso la Cosxienza della Trascendenza comprendendosi come unico Dio del proprio Universo, assoluto in Sé e relativo e speculare nell'incontro con l'Universo esterno.

Altrove: l'Uomo N-Uovo

L'Eone del Figlio fonda la Sua metafisica nell'Individuo integro e Assoluto di un ateismo Spirituale (essendo Egli stesso diretta emanazione dello Spirito) e nella presa di Cosxienza della Relatività e Impermanenza Assoluta di ogni parametro temporale, sia esso familiare, etico, morale, sociale, filosofico, dogmatico o religioso. Io Sono Lui. Tutto è Lui.
Il Figlio è la fusione dei due Principi, Figlio ideale della Madre e del Padre e perciò ne raccoglie le esperienze di millenni, i frutti trasformati e gli elementi cardine, senza potersi ancora emancipare da Essi, ma solo integrandoli per poterli definitivamente assimilare e sviluppare ulteriormente. Questo Figlio, l'UOMO N-UOVO, attende la ricostruzione, attende il momento in cui non sarà più necessario controllare, capovolgere, sbeffeggiare, distruggere, guerreggiare, rivoluzionare, gridare e provocare.
Il compimento della stabilità e l'avvento della Vita Divina saranno portati, in questo nuovo Eone, dall'Era dell'Equilibrio, dell'Equanimità e della Giustizia Divina.
L'era del Figlio è di fatto un cambio epocale, tanto a livello sociale, scientifico, quanto economico, mentale, culturale e spirituale: per essere precisi, qualsiasi individuo Risvegliato, avendo accesso ad una Visione dell'insieme, comprende benissimo il senso del mutamento di quest'epoca. Mutamento come già detto non significa per forza rivoluzione, ma indica un cambiamento generalmente ineluttabile, anche se spesso per igno-

ranza risulta instabile e violento: il mutare delle epoche (l'abbandono di interi sistemi istintivi, emozionali, mentali, spirituali) è un processo lunghissimo, se visto nel tempo, le cui radici iniziano a prender vita in modo molto silenzioso e nascosto, spesso mostrando inizialmente il contrario di ciò che poi si manifesterà.
L'allinearsi al flusso, alla Vita, ci pone di sicuro in una posizione di pregio. L'Eone del Figlio è una rivoluzione della COSXIENZA, come rivoluzionario fu l'inizio del Novecento, e rivoluzionario è ancora il momento violento, convulso, caotico, esplosivo in cui viviamo adesso. Quindi, questo nuovo Eone, qualsiasi cosa Esso comporti (il che ci è dato in minuscola parte di intuire, ma non di sapere), non è (come non lo è nessuna vera Era) una rivoluzione, bensì un vento di inarrestabile cambiamento. Se si osservano le allegorie greche questa mutazione è velatamente espressa sia nei miti che nella genealogia Divina che evidenziano i cicli cosmici dei due Principi Universali, come una danza in costante mutamento.

Mitologia greca e realtà cicliche soggiacenti

Nei miti greci riguardanti la genealogia degli dèi ritroviamo l'idea di ciclicità, con padri che mangiano figli per evitare di perdere il potere e figli che evirano il padre per poter conquistare la possibilità di vivere.
Osservati dal punto di vista antropologico, li leghiamo facilmente ai cicli cosmici e naturali e a forme di ritualità legata alla fecondità della terra. Così, il padre che mangia i figli è il seme che in inverno viene seppellito nella terra per poi nascere in primavera; il figlio che evira il padre indica la vecchia pianta non più in grado di fruttificare ovvero di riprodursi.

Lo stesso strumento usato da Crono per evirare Urano, un falcetto, richiama l'attività agricola, in particolare il taglio della spiga, chiaro simbolo fallico. Altro collegamento lo ritroviamo con i culti del re sacro, in cui il vecchio re veniva ucciso per far posto ad un giovane re che con la sua forza e salute doveva garantire la fecondità della terra. Il rito prevedeva (come nell'antico Egitto) l'evirazione e lo smembramento del corpo che poi veniva mangiato. Queste brevi considerazioni si fermano ad una visione antropologica, ma possiamo vedere anche una forma puramente simbolica e intuitiva raccontata nel passaggio di potere da Urano a Crono e da quest'ultimo a Zeus.

Gea è la terra e per partenogenesi crea Urano, il cielo, suo sposo. Insieme generano dei figli (titani) che Urano, per paura di essere detronizzato, seppellisce nella profondità della terra, ovvero nella stessa Gea. La madre chiede aiuto ai figli per evolvere questa ciclica situazione e a rispondere è il più giovane, Crono, che dalla madre riceve un falcetto con cui procede all'evirazione del padre. Crono dopo tale atto diventa la divinità principale, ma per mantenere il suo potere replica il comportamento del padre ingoiando i figli (giganti) che gli genera la moglie Rea. Anche questa volta è il figlio più piccolo, Zeus, che detronizza il padre crudele evirandolo a sua volta. L'evirazione ha un significato preciso, quindi: eliminando la capacità riproduttiva, la possibilità di essere padre, si interrompe il ciclo naturale di nascita-riproduzione-morte. Usando un linguaggio orientale, si interrompe il ciclo delle reincarnazioni perché si è raggiunto il massimo processo evolutivo dell'anima che sperimenta l'Esperienza Divina.

La procreazione è la riproduzione nella materia e sta a simboleggiare il legame dello Spirito con la materialità. La stessa scelta della castità adottata dalla Chiesa Cattolica ha questo preciso significato simbolico. Rinunciando a riprodursi, e quindi in qualche modo a sopravvivere materialmente tramite un figlio, lo Spirito può elevarsi. Crono è associato al tempo e la sua sconfitta significa eliminare lo scorrere del tempo ed arrivare ad uno stato di eternità, altro significato dunque che assume l'evirazione, con l'eliminazione del ciclo naturale.

Zeus interrompe il ciclo della detronizzazione del vecchio re, ponendosi fuori dal tempo e divenendo re del tempo. Un ulteriore significato legato all'eliminazione del vecchio re è quello dell'Uomo N-Uovo che assimila e

uccide l'uomo vecchio, ovvero l'uomo ordinario che muore cosxientemente e rinasce nell'uomo nuovo spiritualizzato. Con l'evirazione si uccide l'identificazione nella natura inferiore, nelle abitudini, nelle psicoprigioni, negli aggregati, scoprendo di strato in strato l'Essere che da sempre attende.
Altro aspetto interessante è la seconda nascita degli dèi: una morte con una seconda nascita in una sorta di gestazione spirituale. Infatti i figli di Urano sprofondano nella terra (istinti titanici) e i figli di Crono sprofondano nelle viscere (immani giganti vitali). È un viaggio, interiore che rimanda al famoso assioma alchemico ermetico *V.I.T.R.I.O.L.*: *Visita Interiora Terrae, Rectificando, Invenies Occultum Lapidem* ("Visita l'interno della Terra e, rettificando, troverai la pietra nascosta").
Questo è il Rito originario della Reale mutazione umana che qui ad Altrove è spesso di casa...

Mutaxioni coscienti: Altrove oltre il rito

Come essere agganciati a questa inesorabile evirazione e mutazione?
Da sempre gli umani hanno agganciato un modo per condividere e comunicare i processi evolutivi a cui hanno avuto accesso. Per questo, nei millenni l'impulso Divino Evolutivo è stato interpretato e inscatolato in una religione, una filosofia, in percorsi costellati di riti e cerimonie o in vie occulte ed esoteriche. Noi ad Altrove nel nostro Lavoro cerchiamo di unire ognuno di questi percorsi, o per meglio dire creiamo in modo spontaneo una sintesi che identifichi l'Essere Umano nell'essere egli stesso un impulso Evolutivo, al servizio delle mille sfaccettature di un percorso Iniziatico, che spaziano dal soddisfacimento di quell'esigenza profonda di Bontà, Verità e Bellezza, naturale inclinazione di ogni Cosxienza Sveglia, all'attivazione pratica di determinati elementi energetici propri di ogni nostro centro di Cosxienza, fino alla necessità e alla Volontà di manifestare il proprio ESSERE quale Atto di Presenza alla VITA. Ciò soddisfa

determinati aspetti di una ricerca (di fatto interminabile) volta a definire qualcosa di così sfuggevole, impermanente e indefinibile come la manifestazione indicibile ed Eterna dell'ESSERE.
Oppure si interpreti questo Lavoro come un mezzo di attivazione concreta di una serie di informazioni o di stati di percezione degli individui coinvolti, o come atto di provocazione in una lotta senza alcuna battaglia volta non al successo, ma all'Autoaffermazione vivida di se stessi.
Tutto è giusto e tutto è sbagliato: non si creda, però, che ciascuna di queste possibili definizioni sia definitiva visto che tutto è impermamente. E non si badi nemmeno al non casuale gioco di parole, in quanto ogni definizione, per il fatto di essere tale, chiude una risposta. L'importante è non commettere mai l'errore di scambiare la forma con la Sostanza. Il nostro Lavoro è forma, mezzo e fine e non sostanza ultima di questa Via: è l'Archèrgon che, quale eterno e autentico Rito, sottostà ad un'unica Legge, l'AMORE. Amore è la Legge, perché è l'atto ultimo della Vera Scienza e della Vera Conoscenza Iniziatica. Amore è il Rito che guida Teosintesi nell'applicazione pratica. Amore è il Principio e la Legge che sei.

Teosintesi Applicata
Evoluzione della Cosxienza

Ci sono tesori che la cosiddetta modernità ha condannato all'oblio. È banale sentire parlare di un certo modo di essere di chi, credendosi ormai emancipato e spinto da desideri emulativi, trascorre i fine settimana tormentato dal dilemma spirituale se frequentare un corso di yoga o andare a far compere a Venezia. Per fortuna altri, una maggioranza silenziosa che naviga nell'infinito Altrove, riscoprono con il duro Lavoro le vestigia del proprio passato e di cosa e come sia Essere Essenziali.
Il valore di questo percorso, che congiunti portiamo avanti, non risiede solamente nell'individuare l'identica Sorgente che alimenta quel fiume carsico della conoscenza gnostica per identificazione, che va ben oltre la

conoscenza logico-mentale e che appare e scompare a tratti lungo la storia dell'uomo.
Il vero valore di questa Via si manifesta nell'offrire un metodo che consenta di riscoprire l'essenza dell'insegnamento spirituale contenuta nei libri sacri, che ogni civiltà possiede, depurando la conoscenza in essi contenuta dalle incrostazioni con cui dogmi e credenze l'hanno seminascosta. Soprattutto ci fa riscoprire qualcosa di estremamente valido e concreto per l'Uomo che oggi voglia intraprendere un cammino di trasformazione e crescita della propria Cosxienza; risponde all'eterna domanda di motivazione esistenziale della comparsa dell'uomo, propone la sua funzione, illumina la sua storia, offre uno Scopo per il suo futuro.
Questo processo, quando attualizzato, diviene un valido e fattivo Strumento Evolutivo.
L'uomo è giunto in un vicolo cieco, e per non diventare un "ramo secco" dell'Evoluzione e quindi elemento di inquinamento per il pianeta, occorre che proceda oltre l'uomo stesso. Il superamento delle specifiche caratteristiche umane, che gli hanno consentito il predominio e che oggi sono diventate ipertrofiche e quindi inutili e pericolose, passa anche attraverso la formazione di un nuovo paradigma culturale, ma soprattutto sapienziale, che pur affondando le proprie radici nel passato, traguardi il futuro dell'Umanità, del Pianeta, dell'Evoluzione. Occorre oggi, come già è accaduto varie volte in passato, un "salto quantico", che venga preparato da una sintesi organica di puri Esseri Umani: costoro sono i Figli dell'Uomo N-Uovo.
L'uomo moderno si è eccessivamente "mentalizzato" e dunque colossizzato. Certamente il ciclo di sviluppo pieno della razionalità e della logica mentale ha prodotto anche buoni frutti e ha contribuito a sgombrare il campo da superstizione e soggezione e dai finti sapienti e ciarlatani di tutte le estrazioni e di tutte le risme, anche se gran parte dell'umanità continua ad orientarsi verso l'illusione invece che verso il Reale.
La reale struttura psichica e la costruzione sapienziale di coloro che tramandano la Tradizione erano fondate sull'Intuizione e la forza dei simbo-

li piuttosto che sulla logica concettuale. Essi svilupparono intuizioni luminose, pervennero ad una rivelazione Spirituale unica per potenza, qualità ed intensità, su cui basarono la propria struttura di pensiero e parola-verbo, tramandata nei libri sacri di ogni popolo. È un metodo di Conoscenza per identificazione intuitiva, che occorre oggi riconoscere, accogliendo il Fuoco che esso veicola per accendere la Fiamma sopita nell'interiorità.

Questa Conoscenza di Verità avviene solamente per "adesione diretta", viene esperita e non acquisita. Tu diventi la Tua Esperienza, e non è trasmissibile ad altri, è la tua e basta.

Occorre innanzitutto considerare i mutamenti verificatisi nella psiche dell'uomo nei millenni che sono trascorsi dalle più antiche trascrizioni di quella Sapienza, trasmessa da bocca ad orecchio chissà per quanti millenni precedenti. Come già accennato, la struttura psichica di coloro che trasmettevano la Sapienza era fondata, sull'Intuizione e la forza dei simboli. La mente dell'uomo, successivamente, da un lato fu governata dalla logica razionale e da concetti astratti, e dall'altro interpretò gli accadimenti e gli oggetti materiali alla sola luce dei sensi e dell'intelletto, relegando il ruolo dell'immaginazione a mero gioco immaginario, ghettizzato nell'espressione artistica fine a se stessa.

Lo strumento di questi Filosofi, Poeti Sacri, non fu una parola suggerita dalla mente e neppure dall'intelletto più elevato, ma una parola di Potenza, una parola "Magica", una parola di Verità e di Luce che proviene da altri piani per mezzo dell'Intuizione, della Rivelazione e dell'Ispirazione. Una Conoscenza per adesione e non per sillogismo. Occorre entrare in quel linguaggio, che era idoneo per quel tipo di conoscenza: un linguaggio segreto e Divino per una Conoscenza Definitiva. Quel linguaggio, allora come oggi, può essere compreso appieno solamente da chi accende in sé identico Fuoco, da chi si pone come veggente e Mago, con identica Volontà ed Aspirazione. La Sostanza di quelle parole risuona identica solo nell'intimo di chi sa creare identica condizione coscienziale, identica colorazione spirituale. In questo senso i Poeti e Cantori ermetici sono

libri eterni e fuori dal tempo, perché depositari di una Rivelazione Impersonale.
Un'eco antica sussurra arcaici motivi, canta l'estremo ed eterno sospiro, che guida i passi felpati dell'Uomo Nuovo oltre e verso ogni possibile oblio.
A questo punto dovrebbe essere chiaro che l'unico oblio che viviamo è l'oblio della Cosxienza.
Ho detto
In Verità

Lux Radix

Lume IV

Unione ed Armonia

27 Settembre 2015

Una settimana contrassegnata dagli allineamenti cosmici di Sole, Luna e Terra ci ha invitato a guardare da vicino una rinnovata Unione che volge alla ricerca di un nuovo equilibrio.
Abbiamo una necessità comune: sviluppare un'Unione di Forze. Una comunione amorevole volta a sostenere, vivificare e alimentare la Sorgente comune da cui tutti ci dissetiamo e nutriamo. Questo processo è insito nella Vita stessa del Centro, ed è forse tempo che tutti noi ne siamo totalmente consapevoli.
Una presa di Cosxienza di gruppo, globale, che permetta all'Alkimia che sviluppiamo di sintetizzare ancora più e meglio le tante Sostanze che insieme incarniamo e rappresentiamo. Un Fuoco congiunto che alimenti un Atanor (forno alkemico) divenuto più ampio, che cuocia e sviluppi una decisa dissoluzione degli elementi attuali per impastarli e assemblarli (*solve et coagula*) in nuova Sostanza.
Tuttavia esistono diversi tipi di Fuoco, ma di fatto per sviluppare quest'alkimia in un Laboratorio organico come il nostro l'unico Fuoco CREANTE e mai DISTRUTTIVO sempre disponibile è l'Amore. Solo nell'Amare noi stessi, nell'unire le nostre interne separazioni, nel subliminare i nostri stati subcoscienti e incoscienti, nell'affidarci e dare un vero consenso al Lavoro avremo accesso a questo Fuoco d'Amore che tutto muove, commuove e informa. La parola d'ordine di questo ciclo di Lavoro quindi è: AMARE PER UNIRE.
Tutti i processi limitanti derivano dalla scissione tra le nostre parti maschile e femminile. Il matrimonio alkemico, il Rebis, diviene prima o

dopo un passaggio obbligato per chi si incammina sulle Orme della Vita. La Via Regale è l'apertura del Cuore e passa per l'ego centrale, l'amor proprio. Concentrare tutto nel nostro egocentrismo ci permette innanzitutto di amarci; è una via che produce risultati immediati. Un sano egoismo innanzitutto, per poi potersi riempire del proprio Amore fino a sgorgare e tracimare. Stai colmo, così puoi donare anche all'altro.

La dualità che crea
La Legge del 3 espressa nel 2

Nell'Universo esistono due Principi fondamentali, quello maschile e quello femminile, che si riflettono in tutte le manifestazioni della Natura e della Vita. La Creazione è la loro Opera, ed essi sono la ripetizione dei due grandi Principi Cosmici, il Padre Universale e la Madre Divina, di cui l'uomo e la donna sono un riflesso e la congiunzione in questo piano di Realtà.

La Scienza Iniziatica, tramite la comprensione della Legge ermetica della Polarità, rivela una pratica applicazione di questi due Principi nella Vita interiore. Tutto ciò che esiste e di cui facciamo esperienza sul piano fisico, vitale, mentale e spirituale si manifesta sempre secondo la Legge della Polarità: maschile-femminile, attivo-passivo, giorno-notte, caldo-freddo, bene-male. Se i due Principi o i due poli non esistessero, vivremmo nell'indifferenziazione in quanto la Vita non avrebbe modo di manifestarsi. Non sapremmo mai cosa è la Luce se non ci fossero le tenebre, né cosa sono la Saggezza, la Giustizia, la Grazia, la Bellezza, la Gioia, la Bontà se non fossimo obbligati a scontrarci con la stupidità, l'ingiustizia, la bruttezza, l'avidità, la sofferenza e la tristezza.
Questa riflessione pertanto ci invita a riscoprire quel Senso profondo di Unità nascosto nella costante dualità insita nella nostra esistenza. Ci invita a comprendere l'armonia celata negli opposti e attraverso questa com-

prensione a ristabilire in noi e nella nostra azione di Vita l'equilibrio tra i due Principi. Questo è un atto creante: è il REBYS.
Per unire la nostra evidente separazione non basta però avere fiducia ed essere generosi. Per andare oltre necessitiamo di farci un Dono, un Dono Autentico: dare il nostro consenso a voler essere qualcos'altro. "Divenire altro" non si può solo pensare o capire, bisogna diventarlo e per questo bisogna trascendere la paura di morire a ciò che siamo e a ciò che crediamo ancora di essere, sorretti da una Fede che mai viene meno. Una FEDE che sposta le montagne.
La Fede si accompagna ad un Lavoro di lungo respiro e di profonda pazienza, è il risultato di un impegno portato avanti giorno dopo giorno, qualcosa di vivo che non dobbiamo mai scindere dalla Vita quotidiana: la Fede è l'unico strumento che ci sostiene e ci indirizza sempre anche quando tutto sembra volgersi nella tenebra più oscura.

Nel momento in cui si sceglie di intraprendere un percorso volto al Risveglio e di applicarne i Principi appresi, si incontrano non solo difficoltà con noi stessi a causa di tutti gli sforzi che dobbiamo fare, ma anche con gli altri, che non necessariamente comprenderanno i cambiamenti prodottisi in noi.
Ebbene, è utile tenere sempre presente che proprio queste difficoltà e il modo in cui le risolveremo riveleranno la qualità e l'autenticità della nostra Fede. Non serve e non è costruttivo eclissarsi, lasciando ciò che era, la nostra vita precedente e le nostre interazioni solo perché non siamo corrisposti o compresi. Anzi, nel momento in cui si procede in avanti è sempre utile poter chiudere quei buchi energetici che, se non affrontati, ci lasciano appesi ad alberi morti. Andare verso il nuovo è possibile, basta lasciare andare il vecchio.
Ad un dato momento si ha la possibilità, in piena Libertà, di scegliere la nostra Vita, il nostro Scopo, oltre ogni legame familiare e oltre ogni credenza sociale e religiosa: amarsi è anche questo, poter seguire la propria inclinazione e orientarsi alla propria Visione. Se non si affrontano questi

aspetti, questi legami, col passare del tempo si rivelano vere e proprie zavorre che rallentano il nostro cammino sulla Via. La qualità della nostra nuova Vita dipenderà dal modo in cui avremo risolto e trasformato queste dinamiche. Sicché, bisogna lavorare sul non far soffrire e giudicare gli altri con il metro dei nostri riflessi irrisolti, ma contenerli e accoglierli nel nuovo spazio che abbiamo sviluppato grazie all'Amore che doniamo, a noi stessi innanzitutto, e che crea la nostra espansione. Bisogna non trascurare le parti di noi che per ignoranza e abitudine meno amiamo, perché nel farlo trascuriamo il nostro passato mantenendo vivi i nostri irrisolti. Amarsi vuol dire accogliere la nostra pochezza, la ristrettezza, l'arroganza, l'orgoglio, la presunzione e accettare ciò che si è, bene o male che sia. L'accettazione è arrendersi.
Questo processo sviluppa di fatto la Fede, che è Amore.

La Resa come Strumento Evolutivo

Nel mito dell'Idra, nell'ottava fatica di Ercole il Maestro dice:

> *"Noi ci eleviamo inginocchiandoci; conquistiamo arrendendoci; guadagniamo donando. Và, figlio di Dio e dell'uomo, và e conquista."*

Non serve lottare contro le Forze che chiamiamo debolezze che innescano autosvalutazione, mancanza di autostima, impotenza, autocommiserazione, sofferenza e dolore. Che si tratti di invidia, gelosia, rabbia, ingordigia, vanità, ignoranza o falsità, occorre sempre sviluppare una resa a ciò che è, e nell'ascolto mobilitare queste Forze affinché operino nella direzione da noi voluta. Se è naturale utilizzare le energie della natura (acqua, vento, fuoco, elettricità ecc.), perché meravigliarsi quando si tratta di utilizzare certe energie ataviche presenti in noi? La Vera Conoscenza delle Leggi ermetiche consente di saper riconoscere, subliminare, trasformare e utilizzare tutte le Forze, ANCHE QUELLE CHE DEFINIAMO PER

IGNORANZA NEGATIVE, e acquisire una chiave simbolica di lettura, profonda e di sintesi, della natura sottile della Realtà. Nella Scienza Iniziatica leggere tramite chiavi simboliche vuol dire essere capaci di decifrare l'aspetto sottile e nascosto delle entità, delle Forze, delle creature elementali e degli oggetti, nonché interpretare i simboli e i segni, posti ovunque dall'Intelligenza Cosmica, nel grande libro dell'Universo. Esistere ed Essere in questa Vita equivale a scrivere e segnare su questo grande libro la propria impronta con la Forza Magica dell'Amore che volge sempre al perfezionamento e all'Evoluzione. Un valido strumento per giungere alla Resa è di sicuro l'Autosservazione, che tramite l'ascolto sviluppa una solida quiete e un Amore silente.

Silenti Amori d'Altrove

Siamo davvero toccati dalla Provvidenza qui ad Altrove poiché la Grazia della Madre Divina ci accarezza e sostiene con il suo dolce richiamo. Solo in questa quiete, oltre ogni bolla pensiero, diviene possibile destrutturare e sviluppare un nuovo Corpo, una nuova Vita e una nuova Mente che siano davvero utili a questa Rivoluzione della Cosxienza.
Acquisire questi strumenti è un po' come avere una tuta protettiva per far sì che quando siamo "là fuori" tutto quanto vi sia di nocivo e velenoso possa essere rigettato e rifiutato. È un fatto ben noto a tutti noi che ogni giorno, in questo tempo, dall'alba al tramonto la vita quotidiana delle persone comuni, se vista sotto un'ottica più ampia e reale, è condizionata dalla rincorsa di un tempo che non basta mai, dalla competizione e dalla paura di non sopravvivere. Un susseguirsi ininterrotto di attività, per accaparrarci soldi e preoccupazioni, ci proietta costantemente in superficie, fuori, alla periferia del nostro Essere, e questo fa sì che alla fine della giornata ci accorgiamo, forse, di aver dimenticato l'Essenziale. In questo stato costante di rumore, in questo brusio, in questa confusione, dove ogni musica diviene una cacofonia, la quiete, il silenzio e la Pace sono solo

vane parole: un vuoto esistenziale, una nullificazione ontica ammantano ferocemente la Vera Essenza della Realtà che siamo. Il Silenzio mentale, l'Ascolto interiore del Cuore, la quiete e la Pace a cui alludo non sono il vuoto, il niente, il nulla o l'inerzia come si conoscono normalmente, anzi, sono uno Stato, un Lavoro Interiore che si realizza nell'ambito di una perfetta armonia che conduce ALL'UNIONE DEGLI OPPOSTI. Non è un'assenza, ma una solida PRESENZA. Una pienezza comparabile a quella che provano gli Esseri uniti da un grande Amore, che vivono e sperimentano qualcosa di talmente profondo che è impossile esprimere con gesti o parole. È UN ATTO ETERNO, ASSESTANTE E CREANTE.
Il Silenzio, l'Immobilità, la Quiete e la Pace sono qualità della Vita Interiore. È la scelta di Essere questo, con Fede, che ci conduce a realizzarlo in modo definitivo.
Necessitiamo di uscire dalla meccanicità delle risposte, di rompere questo ingranaggio, di sviluppare come pratica semplice il fermarci ad ascoltarci, più volte in una giornata: rimanendo qualche minuto in ascolto, in un Silenzio intenso, vivente, un Silenzio in cui la nostra Essenza e il nostro Essere possano invocare un Potere Superiore, per prendere contatto con la Vera Realtà che da sempre sopita soggiace in noi.
Sviluppiamo questa semplice pratica, questo fare interiore, regolarmente, allora arriviamo a sfuggire almeno per qualche istante alle pesantezze della meccanicità, e questa facoltà resterà un'acquisizione disponibile in tutti i momenti difficili che dovremo affrontare. Allora comprenderemo quanto è utile sapersi liberare completamente da tutte le paure, le preoccupazioni, i dubbi, le perplessità e le incertezze, per dirigere la nostra attenzione uniti verso un mondo nuovo e Divino.
La qualità delle Ispirazioni, delle Rivelazioni e delle Intuizioni che riceviamo dalla mente Superiore dipendono dal grado di Evoluzione e dallo stato di Cosxienza Interiore raggiunti.
Se si vuole agganciare in modo stabile un canale, una via preferenziale per la Verità Interiore occorre prima di tutto purificarsi e liberarsi da tutte queste schifezze che ci opacizzano e ci limitano per poi espandere la

Cosxienza e aspirare sempre più e meglio a Lavorare per uno Scopo comune.

Ogni goccia, ogni frammento del tuo Amore che per ignoranza concedi alla tua natura inferiore, alla tua meccanicità, di fatto lo sottrai alla tua Vera Essenza. Amati dunque, oltre ogni schema, consapevole che ogni attimo in cui resti Presente è un attimo di ETERNITÀ.
Ho detto

Lux Radix

Lume V

Rebys: Maschile e Femminile

Parte I

13 Dicembre 2015

"La tensione è tale che il Mondo freme. Gli eventi sono in pressione. A tutti i livelli le energie della Luce sono impegnate a fondo per salvarlo dalla distruzione, mentre le tenebre si insinuano, con maschere luminose, decise ad annientare ciò che la Luce crea e, dove possibile, a demolire le basi stesse dell'opera creativa. Nell'epoca grave dell'Armageddon è specialmente necessario sapere quali sono le forze invisibili che causano le azioni di ogni singolo giorno, di ogni singolo evento, di ogni fenomeno; poiché è l'ora della decisione, e non ci sono mezze misure sulla via del Mondo del Fuoco."

Morya

Rebys

Unirci nel Matrimonio Alkemico del Rebys equivale ad essere in uno stato di Cosxienza-Forza-Amore che nella Sua simultanea comunione esprime il Codice unico ed Eterno della Vita, che muove e commuove ogni possibile creazione-manifestazione di qualsiasi mondo e universo esperibile. Questa è l'unica Maestria possibile, oltre ogni filosofia e pensiero, un unico atto che esplode e implode in noi contemporaneamente e che determina, quale effetto collaterale, la LIBERTÀ Essenziale che in Realtà siamo.
Al fine si tratta di scoprire la nostra intima Natura.

Scoprire la nostra maestria è il nocciolo dell'intera faccenda ed è proprio un seme che racchiude da sempre la nostra Originaria Essenza insita nella duplice natura del maschile e del femminile.
Queste energie sono due aspetti dell'unità che siamo, dell'Uno. Pertanto esse non sono in realtà opposte o duali, ma complementari e unitarie: sono due facce di un'unica forza-energia, coese dall'AMORE.
L'energia maschile per natura è focalizzata verso l'esterno. È quella parte dell'Essere che dà spinta alla manifestazione esteriore e fa sì che lo "Spirito immanente" si materializzi e assuma forma. Sicché l'energia maschile utilizza una potente forza creativa. È naturale per essa essere altamente focalizzata e orientata verso uno Scopo. In questo modo l'energia maschile crea l'identità e l'individualità.
L'energia femminile per natura si focalizza verso l'interno, potremmo dire che è l'energia "accogliente", "di Casa". È l'energia della Sorgente Primaria, la Forza fluente della Madre Divina. È l'energia che si è manifestata creando l'aspetto esteriore delle cose. L'energia femminile avvolge tutto, è oceanica e cosmica, non differenzia né individualizza.

La musica e la danza del maschile e del femminile uniti producono un'Opera Originaria, un Archèrgon, il Rebys, lo spettacolo fluttuante della realtà creata, della nostra creazione.
È uno spettacolo di grande e ineguagliabile Bellezza, in cui l'energia maschile e quella femminile si adorano e celebrano la loro collaborazione e la loro unione giocosa: due bambini che si ritrovano così per gioco. Ed è così che dovrebbe essere.
L'energia maschile e quella femminile unite insieme celebrano la gioiosa manifestazione che chiamiamo Creazione.

È stato detto che nella realizzazione finale l'unica Verità che resta è: IO SONO. In questo stato di Cosxienza non duale si fondono perfettamente questi due aspetti della nostra ignea natura.
Nell'IO c'è l'energia maschile, nel SONO l'energia femminile. L'IO è

quello che contrae, differenzia, dà centratura, dà direzione, individua: IO, non l'altro. E poi: SONO. SONO è cosmico, racchiude e contiene tutto. Riflette l'oceano di Casa, l'energia femminile, la fonte inesauribile che non conosce limiti, non conosce differenziazione. L'aspetto fluente e d'unione è il nucleo dell'energia femminile.
Nell'*IO SONO*, il maschile e il femminile si incontrano e beatamente uniscono le loro energie. Il Matrimonio Solare perfetto che sviluppa la Verità dell'*IO SONO*.

Espressioni della Cosxienza
Movimenti che conducono all'Essere

L'energia maschile sta recitando da tempo un ruolo in cui opprime e schiaccia l'energia femminile. Non è sempre stato così. Ci sono stati dei tempi in cui l'energia femminile ha avuto il ruolo opposto ed ha manipolato e governato l'energia maschile. Ma quei cicli si sono avvicendati con altri, e altri ancora, e nell'immanente manifestazione della Cosxienza si avvicenderanno a questi attuali.
Ogni volta che il maschile e il femminile sono in opposizione (per permettere la manifestazione della Vita), la disintegrazione di entrambi è inevitabile, tuttavia è proprio questo movimento caotico che sviluppa l'EVOLUZIONE (*vita, morte e rinascita*). Laddove il femminile viene sempre più vittimizzato e si perde nella negazione di sé, l'energia maschile si perde nella violenza spietata e in quel tipo di aggressione che esperiamo nelle tante guerre passate e presenti.
È il gioco della Cosxienza. Il maschile e il femminile dipendono l'uno dall'altro. Quando si danno battaglia, le conseguenze sono spesso disastrose. Ma i tempi stanno cambiando.
A dire il vero, anche se può sembrare paradossale, la questione più urgente in quest'epoca è la trasformazione dell'energia maschile! Perché, è bene sottolinearlo, soltanto nell'unione con un'energia maschile matura ed

equilibrata l'energia femminile potrà fiorire di nuovo e dare alla Luce una sintesi che è il Figlio, l'Androgino primordiale che dimora in tutti noi.
È tutta una questione di collaborazione armonica: le energie maschili e femminili si sono inoltrate insieme in una "lotta" lunga e dolorosa per conoscersi, viversi, combattersi per poi riunirsi e amarsi. Si eleveranno anche insieme, perché l'una non può essere equilibrata senza l'altra. Adesso che l'energia femminile è pronta a sorgere dalle ceneri dell'umiliazione, della colpa, del giudizio e della repressione e a ritrovare la perduta DIGNITÀ, c'è simultaneamente un urgente bisogno della rinascita dell'energia maschile.
Questa rinascita diventerà gradualmente visibile a livello collettivo, ma prima si manifesterà in ognuno di noi, Uomo e Donna, separatamente. Tutti noi siamo custodi di queste immanenti energie, ed è un nostro diritto di nascita rendere la loro associazione paritaria e gioiosa. La GLORIA ci attende poiché uniti si potrà manifestare tutta la nostra potenza.
Tutto quello che accade collettivamente rispecchia i processi che accadono a livello individuale e viceversa: il mondo è te stesso, ricorda.

VII - Il Principio del Genere

> *"Il genere si manifesta in ogni cosa e su tutti i piani; ogni cosa ha il suo principio maschile e femminile".*
>
> Il Kybalion

Ovunque troviamo il maschile e il femminile. Tutto questo vale, oltre che per il piano fisico, anche per quello emotivo, mentale o spirituale. Quanto al piano fisico, il principio ha la sua evidenza nel Sesso, mentre nei piani superiori, pur assumendo forme più alte, rimane invariato. Non c'è possibilità di creazione fisica, vitale, mentale o spirituale senza l'applicazione di questo principio. Comprenderlo significa dare un raggio di luce ad argomenti fino ad ora oscuri alla maggior parte dell'umanità. Esso

opera sempre rivolto alla degenerazione, generazione e rigenerazione. Tutto è fondato su questo Principio: ogni elemento femminile ne contiene uno maschile e viceversa. In questo grande Principio è racchiusa la chiave di gran parte dei misteri della vita.
Bisogna, a questo punto, soffermare l'attenzione sull'enorme differenza esistente tra questa legge e le basse infamanti teorie o pratiche che, munite di denominazioni assurde, non sono altro che la profanazione di questo grande Principio. Queste, rifacimenti delle antiche forme del "fallicismo", vertono alla degenerazione dello Spirito, dell'anima, del corpo, e la Tradizione ermetica ha sempre cercato di aprire gli occhi sulla fallacia di tali insegnamenti, votati alla dissolutezza, alla perversione, all'inversione dei principi di natura. Qualora foste portati per questa via, lasciate da parte la Scienza Iniziatica, poiché essa non può aiutarvi.
Come per i puri ogni cosa è pura, per i perversi ogni cosa è tale.
Affermava Plotino:

> *"I due sono il riflesso dell'Uno, poiché ognuno di essi contiene tutto in sé, e al tempo stesso vede tutto in ogni altro, cosicché ovunque è tutto, e ogni cosa è tutto. L'Uno esiste necessariamente e non deriva da un atto di riflessione, ma da un essere superiore che genera per natura un essere simile a se stesso e lo contiene in potenza".*

L'antica sapienza dell'India così parla dell'Uno nelle *Upanishad*:

> *"Si guardò intorno e nulla vide di diverso da sé medesimo. QUELLO SONO IO, furono le prime parole che pronunciò. Egli ebbe paura. Perciò ha paura chi è solo. Ma poi pensò: "Di chi dunque ho paura, se nulla vi è all'infuori di me". Quindi gli passò la paura. Egli non era contento. Perciò non è contento chi è solo. Egli sentì il desiderio di un altro. La sua grossezza era allora quella di un uomo e di una donna abbracciati. Egli si scisse in due parti. Così ebbero origine il Principio Maschile ed il Principio Femminile".*

Nella cultura cinese l'Uno si identifica con il Dao. La più chiara definizione del Dao recita:

> *"Il Dao produce l'Uno. L'Uno produce il due (Yin e Yang). Il due si manifesta come tre. Il tre produce i diecimila esseri".*
>
> Lao Tze

Quindi la manifestazione-creazione è possibile solo se l'energia dell'Uno si trasforma in due: Yin e Yang, maschile e femminile, le due forze complementari ed opposte che permettono la manifestazione della Vita.

Ogni manifestazione della Realtà, compreso l'essere umano, è determinata dalla contemporanea e contestuale presenza armonica di queste due forze (maschile e femminile). In questa armonia non possono esistere un maschile e un femminile assoluti.
Questo processo universale, se compreso, conduce a contemplare che il ritorno a Casa è insito nel processo di unione del Principio maschile a quello femminile, presenti in ognuno di noi, e che ogni forma di paura angosciosa e profonda che possa essere, contiene già il coraggio corrispondente per unirci al Divino.

Maschile e Femminile
Hieros gamos

La Creazione si manifesta continuamente attraverso il Principio Maschile, attivo, centrifugo, ed il Principio Femminile, passivo, centripeto. L'agire e l'accogliere, interagenti in ogni individuo, dalla loro Unione creano il Figlio, Padre di ogni forma.
L'uomo e la donna evolvono attraverso la comprensione, la consapevolezza, la presa di Cosxienza e la manifestazione armonica di entrambi i Principi all'interno di sé, tramite l'esperienza esterna della relazione autentica

ed essenziale: una relazione definita Ierogamica.
Ierogamia: "La ierogamia o *hieros gamos* (dal greco *ἱερογαμία, ἱερὸς γάμος* 'matrimonio sacro') si riferisce a un rituale sessuale che simboleggia l'accoppiamento o sizigia (congiunzione) tra un Dio e una Dea, soprattutto quando emanata in un rito simbolico i cui partecipanti umani rappresentano le divinità. La nozione di *hieros gamos* non presuppone performance effettiva nei rituali, ma è utilizzata anche in un contesto puramente simbolico o mitologico, in particolare in alkimia e anche nella psicologia analitica junghiana".

Maschile e Femminile
Relazioni Cosxienti
Difficoltà da rendere Possibilità

Nel mondo in cui viviamo, siamo istruiti ed educati all'ignoranza. Quest'ignoranza, nel senso che ignoriamo le Leggi e i Principi dell'esistenza, è di fatto il velo che occlude una possibile e più ampia visuale sul mondo Reale. L'uomo contemporaneo, non conoscendosi, esprime energie femminili distorte e lo stesso, in modo speculare, accade per le donne. Questa distorsione da origine al problema dell'identificazione nei ruoli di vittima e carnefice, suggestiva illusione alquanto diffusa oggi. Nessun essere umano è indifeso rispetto ad influenze o poteri esterni, ma lo è relativamente alle parti della sua Cosxienza disarmoniche, non ancora riconosciute e trasformate. È una difficoltà della Cosxienza quindi, ed è squisitamente psichica. L'uomo e la donna evolvono attraverso la comprensione, la consapevolezza e la manifestazione armonica di entrambi i Principi all'interno di sé, tramite l'esperienza esterna della relazione, ossia nel rapporto di un'azione congiunta e libera. Una Relazione essenziale Libera, oltre ogni tipo di legame ancora basato sul riconoscimento, sulla prevaricazione, sull'aspettativa e sul possesso. Ora, nella misura in cui nella cosxienza di superficie dell'essere umano albergano divisione, odio, ostili-

tà, repulsione, non importa se a livello plateale o mascherato, il principio maschile attraverso la paura e la volontà produce distruttività, nell'uomo come nella donna. Si tratta della cosiddetta distorsione del potere connotata dall'aggressività in tutte le sue forme, gradazioni e degradazioni, più o meno manifesta, ma comunque produttiva di effetti di fatto privi di discernimento e d'Amore. Il rifiuto di assumersi le proprie responsabilità riguarda invece il principio femminile nella dimensione in cui l'attitudine all'accoglienza e all'arrendevolezza non siano motivate da intelligenza e fiducia nella Vita, ma dalle paure e dalle insicurezze: parliamo allora di distorsione dell'amore con una comportamentalità connessa alla sottomissione, anche qui con infinite dinamiche e modalità, in entrambi i sessi.
Abituiamoci allora a considerare consapevolmente che tale comportamento è originato NON dalle maschere di superficie (aggregati psicologici), che fungono da protezione, ma da ciò che soggiace a questi. Quindi i reali moventi "*CHE STANNO SOTTO*" rappresentano le vere cause mascherate da una cronica *IGNORANZA*.

"*L'ignoranza è la fonte della sofferenza*", afferma il Buddha.

È necessario quindi RICONOSCERE e disattivare le radici di questi processi per acquisire la capacità di un utilizzo creativo ed armonico della propria volontà facendosi carico delle responsabilità corrispondenti. Ciò è direttamente proporzionale ad una crescente innocuità femminile che è Presenza attiva e gioiosa, utile alla Vita. La vera spiritualità sta nel divenire uomini e donne più completi, ed è per questo che l'Evoluzione passa anche attraverso la ricerca di relazioni di tipo più avanzato. Essere, o meglio, divenire forti e al contempo responsabili non è un'opzione, ma l'obiettivo, il progetto, lo Scopo ultimo dell'esistenza stessa: l'uomo e la donna perfetti che consentono l'adombramento della personalità da parte dell'Anima. Questa è una possibilità alla portata di chiunque, reale e tangibile oggi, sperimentabile e attualizzabile. L'uomo deve imparare ad

armonizzare il principio femminile in sé, deve connettersi alla propria Anima, se vuole attivare costruttivamente quello maschile, e la donna deve attivare quello maschile, l'Animo, per arrendersi a quello femminile: una straordinaria complementarietà. In altre parole, la relazione può essere veramente gratificante nella misura in cui all'interno di ognuno il maschile ed il femminile interagiscono in armonia. Quando i due Principi si riconciliano, le due forze apparentemente opposte si protendono verso una sola meta: la manifestazione dell'Amore, che dentro e fuori di noi diviene un fatto solido e REALE.
Sia gli uomini che le donne, dunque, attraverso la relazione, devono riconoscere, purificare, trasmutare la rabbia, la paura e l'aggressività del potere basata sulla natura inferiore e sull'egoismo nonché imparare ad assumersi le proprie responsabilità sciogliendo ogni tipo di resistenza e dipendenza. Sarebbe molto più "comodo", certo, continuare ad addossare i propri errori e la propria irresponsabilità alla famiglia, al mondo, alla religione, all'insoddisfazione, all'impotenza, alla frustrazione, nascondendosi dietro l'inadeguatezza e la rinuncia, ma il disagio "stranamente" ritornerebbe... un ciclo infinito di ripetizioni.
All'interno del singolo individuo i due Principi si compensano vicendevolmente nelle distorsioni, in quanto, pur nella necessaria imperfezione, ci deve sempre essere un equilibrio (nello squilibrio); così, laddove si manifestano iperattività e compulsività in certe aree della natura maschile, parallelamente si sviluppano un'eccessiva passività e rigidità in altre aree del polo femminile e viceversa, non si sfugge: questa è una precisa Legge di Compensazione, una Legge che determina l'equilibrio e il ritmo della Vita stessa.
Considerati i due Principi e le loro implicazioni, potremmo dire che qualunque difficoltà è connessa in qualche modo alla nostra virilità o alla nostra femminilità, semplicemente perché la creazione funziona in questo modo: tutta la manifestazione e la conseguente creazione si spingono da sempre e inesorabilmente verso il centro, nell'unità, nella riconciliazione degli opposti.

Il mito greco racconta:
"Vi era un tempo in cui esistevano tre generi: Maschio, Femmina e Androgino (sintesi dei due)"; quel tempo vi è ancora, ed è dentro di noi.
L'uomo produce seme femminile-lunare, la donna seme maschile-solare.
Nell'Intimo l'Essere Umano è Androgino…

L'Amore è ricordarci che esiste una Scienza del Tre attraverso la quale l'umano, ritrovando la sua Vera identità, individualizzandosi, può ritornare a Casa finalmente come l'Essere Integrale che è.
INTEGRALE: INTE-GRALE… INTE-GRAAL… DENTRO IL GRAAL.

L'unico effetto collaterale di questo processo della Cosxienza, oltre l'ignoranza e oltre l'illusione della paura, è la Libertà, l'Universalizzazione.
Ho detto

Lux Radix

Lume VI

Rebys: Maschile e Femminile

Parte II

20 Dicembre 2015

"Esiste una Legge di Corrispondenza secondo la quale: (1) se tu formi nella tua mente l'immagine di quel che vorresti essere (2) riesci a conservare questa immagine abbastanza a lungo (3) presto attirerai e diventerai esattamente come quello che pensi."

William James

Anima Gemella
Il Viaggio di Ritorno

Alla luce del Lavoro sin qui esposto, possiamo in totale tranquillità affermare che il Principio maschile e il Principio femminile sono due aspetti di un'unica entità Essenziale e Divina, riflessi e speculari, proprio come lo sono due gemelli. In Natura tutto è il riflesso di qualcosa che portiamo anche dentro di noi. Per cui si può dire che: se in me esistono un maschile e un femminile, ha senso parlare dell'anima gemella, che nelle profondità delle nostre esperienze sessuali e amorose da sempre ricerchiamo nell'altro? O forse è più appropriato affermare che l'Anima è anche la mia GEMELLA?

Se non è l'esterno a dovermi completare, poiché dentro di me c'è il maschile ed il femminile, Padre e Madre, allora forse già contengo in potenza l'annessa capacità ricongiuntiva?

L'Anima che da sempre dimora e soggiace in me attende come la principessa delle favole, rinchiusa in una psicoprigione; indago e scopro dove è rinchiusa così posso Liberarla...

Io (ciò che credo di essere) dovrò affrontare la Morte, dovrò far morire l'illusione di essere piccino e diviso, per accedere al maniero incantato che io stesso, immemore e vittima di un artefìcio evolutivo della Cosxienza, ho costruito.
Un Giuoco che, comprese le regole, si rivela molto interessante, direi ILLUMINANTE, ma ad una condizione: finché non avrò accesso al mio Regale titolo di Principe, grazie a un Atto d'Amore reale e autentico, annullando me stesso, le mie credenze, i miei punti di vista, insomma trasformando la mia pochezza in ampiezza e la mia ristrettezza in vastità, Anima non potrà esprimersi e concedersi alla vera Vita, al Suo Sposo. Unione degli opposti, riconciliazione, comunione, questo è il FINE del Giuoco Divino.
Ecco il vero significato dell'Unione, quel Principio che oggi si ricerca ancora per ignoranza nell'atto sessuale di superficie, in cui crediamo di desiderare l'altro. Di fatto nell'atto stesso cerchiamo inutilmente e disperatamente di riempire quella carenza, quel vuoto, quel senso di "mai abbastanza" e di mancanza che riesca a colmare ed unire quel Qualcosa di scisso che è proprio dentro noi stessi. È per questo che noi tutti siamo rivolti al Rebys, nessuno escluso.
Il Rebys è l'Unio Mystica che riaccende la Luce nel Tempio dell'uomo.
Per questo processo, di natura squisitamente alkemica, non ci servono filosofie predefinite già percorse e tantomeno nozioni storiche se non ci conducono all'Interno di noi stessi con uno strumento che ci metta a disposizione un Sapere Operativo, un REALE FARE, perché colui che cerca di progredire veramente realizza che il "sapere saputo" non ha mai portato "alcuno" a qualcosa di concreto.
Questo lavoro è un Fare.
Oggi le tendenze da "supermercato spirituale" istigano gli uomini e le

donne a trovare l'Anima Gemella, circolano corsi e seminari che incentivano a cercare colui o colei che ci completerà, o la tecnica e la pratica che ci uniranno al divino. E allora mi chiedo: ma chi ci deve completare se dentro di noi abbiamo entrambi i Principi? Forse ci siamo addormentati a tal punto da credere che solo "là fuori", con un maschio o una femmina, troveremo la felicità? Forse sì? Può mai essere allora che ai singoli sia precluso il Regno dei Cieli? Che assurdità e che vaga negazione. "SVEGLIATEVI", riprendete possesso della vostra dimora e accendete la Luce nel vostro Tempio! Diceva qualcuno:

> *"È come se un uomo, andando in viaggio, lasciasse la propria casa, dandone l'autorità ai suoi servi, a ciascuno il suo compito, e al portinaio ordinasse di vegliare. Vegliate dunque, perché non sapete quando il padrone di casa verrà; se di sera, a mezzanotte, al cantar del gallo o al mattino; perché, venendo all'improvviso, non vi trovi addormentati. Ora, ciò che dico a voi, lo dico a tutti: Vegliate!"*
>
> Marco 13, 34-37

> *"I vostri fianchi siano cinti, e le vostre lampade accese; siate simili a quelli che aspettano il loro padrone quando tornerà dalle nozze, per aprirgli appena giungerà e busserà. Beati quei servi che il padrone, arrivando, troverà vigilanti! In verità io vi dico che egli si rimboccherà le vesti, li farà mettere a tavola e passerà a servirli. Se giungerà alla seconda o alla terza vigilia e li troverà così, beati loro! Sappiate questo, che se il padrone di casa conoscesse a che ora verrà il ladro, veglierebbe e non si lascerebbe scassinare la casa. Anche voi siate pronti, perché il Figlio dell'uomo verrà nell'ora che non pensate."*
>
> Luca 12, 35-40

Vegliate dunque sul vostro Tempio, sulla vostra casa, che quando è l'ora sarete pronti per andare oltre ogni limite.

I Tre Corpi
Il Lavoro sul Corpo Emozionale

Le influenze esterne, impressioni, informazioni, gesti, immagini, governano le funzioni del corpo fisico dell'uomo ordinario, e incidono su tutte le altre funzioni. L'uomo ordinario, infatti, non conoscendo queste funzioni sperimenta il suo mondo emotivo in modo estremamente vulnerabile.
Le emozioni negative non hanno di per sé un centro reale che le produce, non possono essere prodotte da cause esterne, esistono perché in noi si attiva per abitudine un "relé", una risposta interiore meccanica, che accetta e giustifica il movimento attribuendolo a cose e fatti esterni o associandolo a memorie preregistrate (apparato formatorio).
Non esiste assolutamente una sola ragione inevitabile per cui l'azione di qualcun altro o qualche circostanza debbano produrre un'emozione negativa in noi! È soltanto la nostra risposta all'evento esterno, la densità, la lentezza, la non presenza, la debolezza a far sì che ciò accada. Nessuna emozione negativa può esserci indotta se noi non lo vogliamo: è sempre una nostra responsabilità cedere il nostro spazio a entità esterne. Sperimentiamo emozioni negative perché non conosciamo noi stessi ed i nostri funzionamenti, e per questo motivo cediamo per paura il nostro Reale Potere. Bisogna smettere di concepire che qualcuno possa avere potere sul nostro stato emozionale!
Tu sei il solo responsabile della tua latente schiavitù, tu solo hai il Potere, conoscendoti, di rifiutare queste entità.

L'uomo "Nuovo" prende Cosxienza dell'importanza estrema che assume la "non espressione delle emozioni negative" nel suo percorso evolutivo. La non espressione delle emozioni negative non corrisponde alla loro soppressione, ma consiste nel praticare l'immobilità, sviluppando l'autosservazione, perché l'espressione delle emozioni negative è sempre basata sul pensiero erroneo, sull'"identificazione", che è una manifestazione e una conseguenza del pensiero automatico. Sicché il controllo delle emozioni è

un processo di autosservazione innanzitutto, e di conseguenza diviene una pura trasformazione mentale.
Tutte le possibilità di sviluppo evolutivo sono contenute nel riconoscere, accettare, assimilare e trasformare le emozioni negative; esse altro non sono che il nostro Sale, il SALE della nostra terra. La vera Priorità in questo autoconoscersi emozionale è limitare la risposta e smettere di reagire interiormente e meccanicamente.

Il Lavoro sul Corpo Mentale

Il Lavoro sul Corpo Mentale è la costruzione dell'involucro mentale: pensare in maniera nuova, positiva, creare un pensiero retto, corretto e permanente, creare nuovi punti di vista, uscire dallo scetticismo e dalla confusione, limitare la verbosità, distruggere le suggestioni e le illusioni. La mente dell'uomo ordinario è continuamente impegnata in pensieri incontrollati, un rumore di fondo e un brusio determinano la compulsività psicologica. Il Lavoro consiste nell'attuare una padronanza su di essi che a sua volta determinerà a cascata la padronanza su altri aspetti della Vita (emozioni, azioni, movimenti incontrollati). La mente va focalizzata sugli Scopi che spingono l'uomo a "Lavorare su di sé".
Se l'uomo Ricorda il suo Scopo, trova un numero sempre maggiore di stimoli, di forza e la sua volontà si muoverà in un'unica direzione e sarà più coesa e potente.
Ciò avviene quando il Lavoro occupa il posto principale nella Vita. Se le cose sono semplici è perché vi è un assunzione di responsabilità, è avvenuta una scelta interiore e quindi non vi è attrito, se ci sono ostacoli al Lavoro è perché di fondo non si è ancora avuto accesso ad una vera scelta e quindi ci sarà attrito. Bisogna scoprire tramite l'indagine costante cosa ostacola il Lavoro, bisogna sacrificarsi, rendere sacro, consacrarsi, e il sacrificio sarà il "dolce prezzo" da pagare. Ogni cosa che sviluppiamo resta a noi come un credito. Si ottiene sempre in proporzione a quanto si è

disposti a lasciare andare, a far morire. Questa è la Legge.

Il Lavoro sul Corpo Fisico

Il cambiamento del proprio stato di Cosxienza sviluppa di fatto un'azione sul Corpo.
I centri, mentale, emozionale e fisico, lavorano in un uomo ordinario sempre simultaneamente, sono interdipendenti, interconnessi: cioè un certo tipo di pensiero è inevitabilmente legato ad un particolare tipo di emozione (o stato d'animo o umore), e ad un certo movimento (o postura). Quindi un certo tipo di emozione fa scattare dei movimenti o determinati pensieri, così un certo tipo di movimento (o posizione del corpo) fa sorgere emozioni determinate, stati d'animo particolari. Spesso le possibilità di far "lavorare" in modo nuovo i centri consiste nel cominciare con il centro motorio, cioè con la cosxienza che anima e muove il corpo. I movimenti e le pose controllano la forma del pensiero e la forma del sentimento, così come il tipo di movimento e le pose sono legati a determinate forme pensiero, emotive e sentimentali.
Tutte le posture fisiche, intellettuali ed emozionali sono collegate tra loro, dipendono le une dalle altre. L'automatismo dei pensieri e dei sentimenti corrisponde esattamente all'automatismo dei movimenti del corpo. Ognuno di questi automatismi non può essere cambiato senza cambiare gli altri. Si rivela un'utile pratica l'osservazione delle posture e la correzione degli automatismi.

> *Un giorno la Presenza mi sussurrò: "Non esiste l'amore umano". "Dunque devo stare da solo?", chiesi. La Presenza continuò: "Non esiste un amore umano ed un amore Divino, giacché ogni amore che ti rimanda a te stesso conducendoti a ME, ti avvicina un poco di più all'Indefinito. Non puoi Amare l'Assoluto tutto in una volta... imploderesti".*
>
> Anonimo

... Ecco che, compreso che siamo composti da un insieme di tre centri, tutto diviene semplice, per Colui o Colei che, liberando la propria Essenza, si apre al Ricordo di Sé. Grazie al Lavoro ricorderà che non esiste altro Scopo nella Vita che non quello di perfezionarsi ed evolvere.

Se la nostra Sapienza non sperimenta concretizzandosi attraverso l'Azione, il Fare, l'Agire, sviluppando Atti concreti, la nostra Essenza non acquisirà Sostanza sufficiente per esprimere la propria Volontà Divina.
In ogni caso, niente e nessuno nell'Universo può mai cancellare tutto il Bene e il Servizio che si è compiuto seguendo la propria Evoluzione Personale.

Ciò che è stato seminato sarà e dovrà essere raccolto.
Questa è la Legge, è la Promessa in cui tutti siamo riuniti.

Che il Principio Maschile e il Principio Femminile si riuniscano in noi sancendo, in un fluido RICORDARE, la nostra Essenza Divina.

L'Anima Cosmica è Te
L'Istinto Immanente è Te
L'Essere Trascendente è Te
Lo Spirito Assoluto è Te
L'Amore è Te
Tutto si esprime tramite Te
Ordunque ricorda, che sinché Tutto non È
il non È è Tutto.

Lux Radix

Tavola III

Karma e Dharma

Libertà e Vita

Lume I

Archèrgon: Origini della Cosxienza

6 Dicembre 2015

Oggi parlo di Alkimia.
Parlo allo scienziato che è in ognuno di noi.

Relazionandomi col gruppo sugli aspetti del Lavoro pratico e concreto, è stata esposta una Visione del passaggio e dell'intima trasformazione che fa il ricercatore di Verità, il "vero sognatore", se riesce a sperimentare il proprio Lavoro individuale tramite il *SERVIZIO*, avendo compreso cosa sia il *RICORDO DI SÉ.*
Nello scambio relazionale è emerso che l'accesso allo stato di Presenza, che conduce con una costante pratica al Ricordo di sé, si può definire un "quarto stato" di Cosxienza.
Una sintesi che racchiude una nuova possibilità, una Visione, non ancora del tutto contemplata dalla mentalità ordinaria dell'individuo, ma ben evidente nelle esperienze che sviluppa un ricercatore quando si inizia ad una concreta esperienza di Ricordo di sé, poiché accede ad un nuovo stato di Cosxienza.
La neuroscienza attuale parla di tre stati di Cosxienza normalmente conosciuti: veglia, sogno e sonno profondo, che sono il conscio (mente di pensiero), subconscio (mente vitale) e inconscio (mente fisica). Ma cosa significa un "quarto stato psichico"?
Possiamo dire che in questo nuovo stato di Cosxienza sperimentiamo una Realtà che contiene i tre stati precedenti, una sintesi insomma, che con la pratica ci apre a tutta una serie di nuove facoltà già in potenza in ogni essere umano, ma ancora non utilizzate.

In sintesi, l'Uomo diviene totalmente creatore Cosxiente della sua Realtà. Questa universalizzazione è unione inscindibile di una totalità da sempre solo pensata, ed è Amore, e quale effetto collaterale produce in noi una *TOTALE LIBERTÀ*.

Questa Visione comune ci ha visto arricchire la nostra congiunta esperienza, certi che in questo passaggio ci viene offerto un arcaico frutto, del quale sconosciute ne sono per ora la natura e la Sostanza, che vanno indagate, certi che prima o poi il frutto maturi, per essere raccolto e degustato.

Frutti Estivi e Semi Invernali

L'inverno è manifesto ormai e il seme dell'Organismo si sta contenendo in sé per essere pronto al prossimo ciclo primaverile. Ogni informazione a cui il gruppo accede si incamera, si stipa, si fissa in noi per far si che in primavera, germogliando, porti alla Luce in modo spontaneo e naturale il nuovo frutto. Parliamo spesso di morte e trasformazione e di poter fissare nel corpo le acquisizioni del Lavoro svolto. Parliamo spesso della trasmutazione che avviene a livello cellulare e subatomico nonostante ancora si evidenzi che pochi di noi hanno realmente compreso di cosa si parli. Normale, vista la natura della materia a cui ci rivolgiamo e su cui operiamo, che non può essere solo capita ma deve essere sperimentata tramite la pratica. L'Alkimia, Arte Regale, è l'unica vera Scienza a cui la Natura si affida per effettuare ogni processo a cui anche la mente di pensiero si "rivolge" per mentalizzare la Vita ed esprimersi in questo piano sostanziale di realtà bio-organica. L'Alkimia è un codice Universale con cui la Natura, tramite Leggi e Principi propri di questo piano, manifesta e crea l'esperienza della Cosxienza, che sia essa fisica, vitale, mentale e spirituale, in cui tutti, consci o meno, siamo partecipi strumenti. Nella sua antica Essenza la Tradizione Iniziatica ha sempre mantenuto vivi questi Principi, a cui gli esseri umani prescelti, Iniziati all'Opera, hanno più facile accesso quando i tempi sono maturi per lo sviluppo di una concreta evoluzione. Evolvere nella materia significa trasmutare, ovvero Spiritualizzare (*LUCE-PADRE*) la Materia (*MATER-MADRE*): è un pò come per lo spermatozoo che feconda l'ovulo, insemina di Luce (Fuoco) la sostanza fisica (Terra) per concepire una sintesi tra Luce e Ombra, tra Vita e Mente, tra visibile e invisibile. Bisogna che questa trasformazione avvenga proprio qui, in questo mondo, nella materia del nostro apparato psicofisico fatto proprio della stessa Sostanza della terra di cui ci nutriamo e su cui camminiamo. La Bellezza risiede nel fatto che il corpo muore e rinasce sul piano cellulare costantemente, anche ora che stai leggendo, e si rigenera al nuovo simultaneamente al di là di ciò che crediamo e pensiamo, ed è per questo che questa Luce già informa e trasforma e cuoce costantemente, producendo una continua Paleogenesi, non solo nella nostra Sostanza, ma in tutto l'universo.

Cos'è un Apparato Psicofisico

Guardiamo cosa è realmente il veicolo che chiamiamo "corpo" e a cosa serve.

In questo "mondo" quando nasciamo noi siamo un Arkèrgon, un'Opera Originaria poiché siamo esseri unici ed essenziali.

Per esprimerci come Essenze veniamo dotati di un apparato psicofisico estremamente sofisticato, Divino, delle cui capacità però non sappiamo nulla o quasi, in quanto nulla ci viene insegnato a proposito.

La FORMA che assume questo apparato, un vestito per così dire, è un diretto riflesso, l'OMBRA, di ciò che siamo dentro.

La maestria e l'utilizzo più appropriato di tale Divina e prodigiosa macchina consiste nel farla divenire uno strumento Magico a tutti gli effetti, cioè un apparato Magico-organico, attraverso cui modificare la Realtà e il Sogno in cui siamo immersi a nostro piacimento. Modifico dentro e di riflesso strutturo la realtà esterna.

Perché la macchina possa funzionare in questo modo dobbiamo Risvegliarla, portarla alla Vita Reale, in modo da non subire più la sua volontà meccanica (sopravvivenza, paura della morte e istinto di procreazione), ma essere capaci di stabilire un contatto Cosxiente con essa.
Il Risveglio di questo apparato psicofisico (la trasmutazione del Piombo in Oro) è un processo di trasmutazione proposto e conosciuto dalla Tradizione alkemica.
Di norma questo processo è lungo e difficile, ma in questo momento di accelerazione a cui siamo sottoposti in questa fase di rinnovamento, possiamo approfittare delle condizioni favorevoli presenti in questo momento storico per dinamizzare di molto il suo svolgimento e ricondurlo entro tempi accettabili alla sua forma primordiale: un *ARKÈRGON, un'opera Originaria.*
Ma come fare?
Si necessita di entrare nel vivo dei processi alkemici atti a trasmutare l'uomo in qualcosa di splendidamente superiore, approfondendo la pratica e non solo il concetto di cosa sia realmente il "Risveglio" dell'essere umano.
Il segreto degli alkimisti consiste nel "Ricordo di sé" con la pratica dell'autosservazione, a contatto con il Fuoco della Presenza. Lo sforzo di restare Presenti produce il Fuoco alkemico necessario per l'Opera e sviluppa un nuovo grado di Attenzione.
Il primo passo verso la liberazione consiste in un accurato Lavoro di Risveglio; l'individuo deve cioè rendersi pienamente conto che allo stato attuale sta dormendo. Quando ci destiamo al mattino in realtà non ci svegliamo, ma passiamo da uno stato di sogno a un altro. Se non siamo svegli la condizione in cui viviamo la nostra pseudo vita è di perpetuo rintronamento, nel quale non si pensa ma si è pensati, non si provano emozioni ma si è da esse trascinati, non si gestisce il proprio corpo ma si subisce la sua fisiologia.
Se si vuole davvero lavorare per evadere dalla neuroprigione in cui siamo rinchiusi, è imperativo innanzitutto sapere di essere all'interno di una prigione. Il più grande ostacolo al Risveglio è che l'uomo pensa di essere già

cosxiente e pienamente libero. Per avere la certezza di essere in uno stato di prigionia è necessario vederlo con i propri occhi e, magari, rimanerne scioccati. L'ideale sarebbe riuscire a *SENTIRE EMOTIVAMENTE* l'addormentamento. Lo sforzo di ricordarci di noi stessi nell'arco della giornata ci permette di vedere come siamo fatti e in quale stato viviamo tutti i giorni; serve a farci comprendere che durante il giorno "dormiamo" e non siamo mai cosxienti di noi. Viviamo dentro un'allucinazione; non vediamo la Realtà e non possediamo alcun potere occulto in grado di modificarla.
Il "ricordo di noi stessi" ci permette di evitare di lasciar scorrere nell'inconsapevolezza la nostra esistenza quotidiana, portando alla Luce anche le zone più nascoste di noi dove si annidano in potenza sia la Colomba che il Serpente, il Cigno e il Drago, utili per il processo alkemico di trasformazione.

Sogno e Realtà

L'errore principale della filosofia discorsiva e della psicologia moderna risiede nell'ignorare un quarto stato di Cosxienza oltre i tre già noti all'uomo ordinario, che se compresi, integrati e sviluppati elevano e collegano l'uomo ad una trasformazione sostanziale in cui egli esce dall'identificazione emotiva della macchina psicofisica e dal rumore mentale; ma con la sola autosservazione però non si accede all'immobilità e alla padronanza totale: esse sono solo un ponte, un passaggio per la Libertà.
Come dicevamo, gli stati di norma conosciuti sono: conscio o normale stato di veglia dell'uomo, sogno e sonno profondo. Nessuna psicologia e nessuna filosofia sono complete e dunque proponibili se non si considera la possibilità nell'uomo di un quarto stato: lo stato di Ricordo di sé. Il Ricordo di sé è il "terribile segreto" dell'Ars Regia che tutti gli alkimisti si sono preoccupati di tramandare attraverso i loro scritti ermetici: è il "Regime", l'Agente universale, il "Fuoco lento" a cui la materia (i vari

stadi di sostanze che compongono la natura umana e il pianeta stesso) deve essere sottoposta per ottenere una REALE trasformazione.
L'effettivo stato di Ricordo di sé è uno stato *EMOTIVO SUPERIORE*, è *AGHAPE PURO*, non un fenomeno meccanico emotivo, sentimentale e nemmeno un concetto mentale.
Quando nel corso della nostra comune esperienza sviluppiamo e mettiamo in pratica il Ricordo, mi riferisco in realtà ai nostri tentativi di essere osservatori cosxienti della nostra esperienza di Vita, si aggancia un valido strumento, forse l'unico attualmente possibile per un processo di trasformazione cosxiente dall'identificazione della macchina. All'inizio lo strumento è principalmente mentale (autosservazione), in cui ci si sforza di essere presenti, cioè osservare i pensieri e i nostri moti interiori. Con l'espressione "Ricordo" intendo quindi riferirmi allo sforzo di ottenere questo stato, e non allo stato stesso. Attraverso gli sforzi ripetuti, la dedizione e la pratica, sarà però possibile attivare facoltà latenti in noi, virtù e talenti presenti in ogni essere umano.

Attraverso lo sforzo di ricordarci di noi tocchiamo con mano la totale assenza di Volontà che per ora ci contraddistingue, ma non dobbiamo abbatterci se all'inizio ci sono solo dei pessimi risultati.
Il nostro Lavoro consiste nello sforzarci ogni giorno di riuscire, senza aspettativa, senza ansia, accettando ciò che è, senza la presunzione di ottenere un risultato, il risultato non interessa minimamente i nostri scopi.
Noi serviamo la Causa e ne diveniamo lo Scopo stesso.
Il Ricordo di sé è il fenomeno più importante della Magia, dell'Alkimia, è un'Arte Regale.
Compreso questo, l'uomo possiede la chiave e gli strumenti necessari per farsi progressivamente strada in altri stati di Cosxienza e acquisire nuovi poteri. L'unico modo che si ha per capire cosa è il Ricordo è fare degli esercizi, metterlo in pratica, sperimentarlo; esso non può essere compreso attraverso una spiegazione intellettuale come un qualunque altro metodo.
Si può conoscere la meccanicità solo cercando di contrastarla: se noi siamo

nati in catene, se siamo nati in una prigione, fino a quando non proviamo a uscire e ci accorgiamo che è difficilissimo, non abbiamo alcuno strumento per capire di essere nati dentro un carcere. Fino a quando stiamo zitti e buoni dentro la nostra prigione tutto fila liscio, solo quando tentiamo di superare il muro perimetrale, e non ci riusciamo, comprendiamo che non siamo liberi e non lo siamo mai stati.

Attraverso il persistente sforzo teso al Ricordo, si produce una trasmutazione alkemica che consente di far crescere e costruire i "corpi sottili" e di trasferire in essi la nostra Cosxienza profonda. Tali corpi sopravvivono alla morte del nostro corpo fisico. Tuttavia è bene sottolineare che con tale pratica non ci stiamo limitando ad agire soltanto per il Corpo Psichico, l'involucro dell'Anima per intenderci, ma simultaneamente stiamo lavorando alla fissazione del corpo "vitale" (emotivo) e del corpo mentale, che nell'uomo ordinario non sono interamente sviluppati. La fissazione completa e stabile di tali corpi consente di risvegliare e sviluppare Poteri sovranormali e Magici definiti miracolosi, che sono prerogativa normale dei talenti umani.
La fase che attualmente si sviluppa ad Altrove è la *Nigredo* (opera al nero) e qualcuno di noi già intravede e si volge all'*Albedo*. Ma cosa sono le tre fasi alkemiche?

Nigredo

La prima fase del lavoro alkemico (*Nigredo*) si riassume nell'affermazione: "Non abbiamo occhi per vedere". Le parole chiave sono: Autosservazione, non Giudizio e Ricordo di sé.
Autosservazione: Osserva senza giudizio i movimenti che caratterizzano la tua Vita. Puoi oggettivare questi processi di pensiero, che accadono nel-la testa, con lettere di sintesi giornaliere o in un'agenda, un Grimorio (un diario di bordo), dove annoti i tuoi pensieri ricorrenti, le emozioni che

provi più spesso e le posture fisiche che ti sono d'abitudine. Metti per iscritto le tue preoccupazioni, le tue gioie, le emozioni che hai provato al lavoro, al mercato, oppure in compagnia degli amici o dei tuoi familiari. Cosa accetti e accogli che ti fa stare bene? Cosa non accetti e rifiuti che ti fa stare male? Fallo ogni giorno, anche se spesso dovrai ripeterti. In questo modo scatti fotografie, imprimi fotogrammi, dello stato di addormentamento della tua macchina, impari a conoscere come *FUNZIONA il MECCANISMO BIOLOGICO.*

È impossibile cogliere la macchina nel sonno, perché nel momento in cui la osservi lei si ridesta e si sveglia un po'. Se durante il giorno ti chiedi "Cosa stanno facendo le emozioni della mia macchina biologica in questo momento?", sei in stato di osservazione e l'osservazione modifica l'oggetto osservato: la macchina. Pertanto quando oggettivi le esperienze, quando scrivi sul tuo diario di bordo, il Grimorio, si tratta di andare a cercare nei ricordi come si comportava la macchina durante il giorno mentre era nel sonno, e non era osservata.

Non è molto simile a quando provi a ricordare i sogni?

Possibile che tu viva un sogno verticale allora? Terribile pensarci, eh?

NO, per niente, perché accettarlo vuol dire iniziare a pianificare la tua evasione dalla prigione psichica in cui sei rinchiuso.

Il Ricordo di sé consiste nell'autosservazione portata nel momento presente. Istante dopo istante, ti osservi mentre agisci.

Porta l'Attenzione consapevole a ogni movimento del tuo corpo mentre cammini, mentre ti sposti a casa o al lavoro, mentre guidi, mentre mangi. Resta sempre agganciato al corpo e a ciò che sta facendo Adesso. Non permettere alle tue mani di muoversi senza che la tua Attenzione sia rivolta ad esse. Questo stato si chiama "attenzione divisa", in quanto una parte della tua Attenzione è diretta verso ciò che stai facendo, mentre l'altra parte è diretta a TE che stai osservando. I movimenti inconsapevoli, meccanici, devono sparire dalla tua Vita. Gli atti vengono pervasi di Pura Azione non filtrata dall'emotività, sono pregni di "intenzionalità", ogni

azione, anche il più piccolo movimento, avviene perché VUOI compierla: questa è Padronanza di sé.
Il Ricordo di sé è una questione di Forza di Volontà, è uno sforzo cosxiente.
Devi voler osservarti in quanto hai concretizzato e ritieni che la costruzione del Corpo di Luce, l'involucro dell'anima e l'immortalità che ne consegue, siano tutto ciò per cui valga la pena vivere in questa Vita: Evolverti e Perfezionarti.
Questo deve essere il tuo primo pensiero la mattina appena sveglio e il tuo ultimo pensiero la sera prima di andare a dormire. Anche se ti svegli durante la notte devi immediatamente ricordare di portare l'Attenzione su quanto stai facendo. Solo grazie a questa pratica incessante, potrai portare a putrefazione ciò che credi di essere, morire cosxientemente, per rinascere al Nuovo.

Albedo

La seconda fase del Lavoro alkemico, *Albedo*, si sviluppa con la capacità di accettare ciò che è, e si può riassumere nell'affermazione: "Amate i vostri nemici", interiori ed esteriori che siano.
È grazie ai nostri "nemici", spesso immaginari, che riusciamo a guardare proprio ciò che è.
Le parole chiave sono: Carità, Amore e Misericordia.
Dal punto di vista pratico, nella seconda fase si accede alla totale accettazione che ogni fatto che accade è una mia creazione. Sicché si agisce in questo modo: per esempio, dopo aver litigato con qualcuno o aver provato una qualunque altra emozione negativa, dobbiamo dedicarci un attimo di tempo per ripeterci:
"Anche se non capisco il perché sono io che ho creato questa situazione, sono io che ho indotto l'altra persona a comportarsi così, affinché potessi vedere il mio limite, la mia difficoltà e trasmutare il mio Veleno interiore in Farmaco, attraverso l'utilizzo del Cuore".

Questa pratica ci permette di evirare il giudizio abituale, esonerandoci dall'illusorio senso di colpa rendendoci misericordiosi e compassionevoli verso noi stessi e gli altri.

Rubedo

La terza fase, *Rubedo*, si riassume nell'affermazione: "Non io, ma l'Essenza attraverso di me". Le espressioni chiave sono: "*Io non esisto, solo Lui esiste*", "*Non la mia ma la Tua volontà*", "*Io Sono Lui*". Qui realizzi che tu, in quanto individuo separato, non esisti e vivi in un'illusione, una prigione mentale, perché di fatto la tua Cosxienza non si trova confinata dentro il tuo corpo ma abbraccia tutte le cose, anzi, tu sei tutte le cose. Non c'è più differenza fra te, Anima Immortale, e il mondo esterno. Non esiste niente di realmente esterno a te. Questo significa annullare la tua piccola volontà in favore della Volontà del Padre Divino. Torni a fonderti con l'Unità e diventi canale per il passaggio e l'irradiazione del Fuoco Sacro che attraverso te si esprime nel mondo.
Essere canali equivale a "redimere la materia", inseminarla e "spiritualizzare la Terra". La tua Vita smette di essere tua (se mai lo fosse stata, poi) e diviene uno strumento al Servizio dell'umanità.
Le tre grandi vie attraverso cui espletare il Servizio sono l'Arte, la Guarigione e l'Insegnamento.
Aïvanhov dice:

> "*A partire dall'istante in cui decidete sinceramente di compiere la volontà di Dio, voi vi avvicinate a Lui. E allora Dio cosa vi dice? «Io sono presente in tutte le creature, e ogni volta che porterete loro la vita, il calore e la luce, voi servirete Me. Prendete esempio dal sole». Per essere in grado di servire Dio, occorre dunque prepararsi a lungo, poiché non è facile portare – come il sole – la vita, il calore e la luce agli esseri umani, ma che sia facile o meno, è a questo che ci si deve esercitare. Altrimenti, in*

che modo Lo si servirà? Andando a convertire con la forza e a perseguitare tutti coloro che vengono considerati atei, infedeli o eretici? Solo chi cerca di servire Dio in tutti gli esseri umani compie la Sua volontà. Così facendo si è portati ad allargare il campo dei propri obiettivi e attività, ci si istruisce e ci si arricchisce" .

Ho detto

Lux Radix

Lume II

Lealtà di Gruppo: Morire per Vivere

14 Febbraio 2016

Rinnovarsi
Lo scioglimento del Gruppo di Lavoro

Morire per Vivere, questa è l'esperienza che permea gli stati d'animo di ognuno di noi, dell'intero gruppo di Lavoro, e si rivolge ad un processo di "mortificazione".
Questa morte, con la fine di un ciclo e lo scioglimento del gruppo di Lavoro, ha creato una notevole oscillazione, paura solida, che al di là di tutto decreta inequivocabilmente un auspicio volto al nuovo e che sostituisce ciò che si era esaurito.
Ieri, nell'abbraccio finale, tutti rivolti alla Madre e al possibile rinnovamento, si è sancito l'inizio di un nuovo ciclo, una Nuova Alleanza che ci vede uniti nello sperimentare nuove acque di Vita racchiuse nella nostra Divina Natura Interiore, ove soggiace il nostro *POTERE CREATIVO.*
Ciò che negli anni era stato costruito da questo gruppo di Lavoro si era esaurito, morto dunque, ed è per questo che l'unico atto possibile, attraverso una naturale e ferma azione, sia stato la sua distruzione: una conclusione senza alcun attaccamento.

Nel riunirci ieri pomeriggio con il rito di saluti finale, grazie all'Essenza di rugiada (olio essenziale prodotto al Centro), una Sacra unzione ha chiuso definitivamente questo ciclo di esperienze durato 4 anni, che ci ha visti partecipi e ci ha condotto tra innumerevoli esperienze Reali ed autentiche. Ed ora, adesso, seguendo come pionieri e indomiti segugi le orme della Vita, proprio qui in questo preciso istante, uniti nel Cuore, siamo pronti a questo nuovo ciclo che dà già inizio (iniziazione) e sancisce il "dopo" contenuto nell'avvenire del Centro e di noi tutti.

Il 30 ottobre dello scorso anno, ormai in autunno inoltrato, tutti insieme abbiamo contribuito a sintetizzare un perfetto olio di rugiada composto da tutte le piante officinali d'Altrove. Un'ultima Essenza, un olio autunnale, che sanciva la fine di un ciclo produttivo. Questo olio è stato ieri un Simbolo Sacro per un'*INIZIAZIONE* di gruppo che chiude un ciclo morente aprendone un altro. Una Fenice che è Fuoco di rinascita, un avvenire che si erge e allo stesso tempo si inchina al Servizio della Vita.
Quest'olio di Rugiada (nella Tradizione ermetica l'olio è simbolo Divino dello Spirito Immanente), consacra l'uomo ad un Servizio unico, straordinario e Sacro: profeti, re e sacerdoti vengono da millenni unti durante le celebrazioni iniziatiche.
Simbolo della Forza generatrice e fertilizzante, di colore solare, l'offerta dell'olio richiama la fecondità della terra. Ed è per questo che ispirato ho fatto un piccolo solco nella terra dove ho lasciato cadere una goccia dello stesso olio di rugiada come offerta ad Altrove, questo Sacro luogo che ci ospita. La goccia di Essenza che penetrava il suolo era di una dolcezza, un atto d'Amore indescrivibile, improntato a una riverenza quasi Sacra del contatto avvenuto con la terra che assorbiva, accoglieva e conteneva l'olio. Un Seme è nato. Una nascita è già attesa dunque, attendiamo uniti la buona novella e Leali ci incamminiamo nell'oltre.
L'Unto (Colui che è toccato da Dio) se Leale è introdotto nella sfera Divina e gli uomini comuni e le forze avverse espresse dalla natura inferiore di questi non possono porre mano su di Lui.

Un'iniziazione, una concreta comunione, una protezione che è utile a tutti noi in questo processo di rinascita.

Lealtà verso me stesso

È stata richiesta Lealtà per questo nuovo corso di eventi e di esperienze congiunte. Come visto, per molti ancora non è accessibile la differenza tra essere fedeli o leali, ma cos'è la Lealtà? La Lealtà è innanzitutto verso TE stesso ed è rivolta al Divino che in te dimora, poi può essere transposta ad uno Scopo, ad un fine, alla famiglia, oppure ad un fattore esterno. Essere Leali equivale a Servire il Divino che è in te e che grazie alla tua esperienza si riflette nel mondo esterno. Lealtà non vuol dire: fai questo e avrai quello. Essere Leali è un atto d'Amore, una regola che ci diamo da SOLI e scegliamo in Libertà. Questa regola che ci diamo dobbiamo seguirla come fosse un gesto d'Amore verso la Deità che siamo, come un modo per dire al Divino Ti Amo. Solo questo modo di Servire, serve.

Poiché ricorda: chi "serve" serve, e chi "non serve" si asserve.

Questo modo di servire e servirsi sviluppa un Reale schierarsi, concretizza una solida Lealtà verso la propria Autorealizzazione, è essere sempre più e meglio in contatto con la propira essenzialità; ed è Bellezza.
Pronunciate la parola Lealtà come un'invocazione ogni volta che siete sfiduciati o impauriti, come si ripete una parola d'Amore verso l'amata, e questo contatto si stabilizzerà in voi trascendendo ogni possibile forma di limitazione e paura.

Strumenti

Negli incontri individuali svolti ieri, ognuno di noi ha potuto esprimere le qualità e le virtù a cui più è affine.
In questo gioco di gruppo sono emerse le parole: Fermezza (5 volte), Apertura, Accoglienza, Disponibilità, Unione, Saggezza (3 volte), Reggente, Stabilità, Esemplarità, Fiducia, Autorevolezza, Amore, Eroico,

Bambino, Negatività, Veggente, Saggio antico, Forza atavica.
Ecco questo è tutto quello che risulta essere disponibile per ognuno di noi in questo momento di transizione.
Non ci facciamo mancare proprio niente qui ad Altrove.
Un buon cibo direi, per cui favorite e mangiatene tutti senza alcun timore, non si rischia certo di farne indigestione.

Che la Madre possa, nella Sua infinita Misericordia e Grazia, sostenere la nostra non più individuale ma comune Essenza.
Un'Essenza di gruppo, una Fratellanza antica che Unge tutti coloro che sono pronti al Risveglio e all'Evoluzione della Cosxienza.
Che Lealtà sia dunque.

Ho detto

Lux Radix

Lume III

Transito: Uniti verso l'Oltre

21 Febbraio 2016

Un importante sviluppo di gruppo ha sancito questo nuovo ciclo di Lavoro. Un moto rinnovato e fluidificante ha pervaso la Sostanza di ognuno di noi ristabilendo un'armonia e un equilibrio nuovo. Un transito è in essere. La Vita è qui.

Questo passaggio ci conduce fino alla fine di marzo in corrispondenza con l'equinozio di primavera che ci vede pronti per una prima-vera Rinascita effettiva di gruppo.
Il Gruppo è pronto per acquisire un nuovo Potere volitivo che dona stabilità e mette freno alle attuali oscillazioni individuali. Questo moto si pone come base e sostegno per i nuovi propositi comuni. Una rinnovata forma creante di manifestazione e *SVILUPPO* dello Scopo del centro ci vede partecipi in nuove attività esterne che si rivelano già molto utili quali esami di gruppo e individuali.
Siamo orientati verso un'individualizzazione di gruppo, verso un concreto Organismo, che già in questa prima settimana ha permesso a tutti di scorgere la Reale opportunità insita nella Necessità stessa dell'Essere.
Nuovi fondali sono stati sondati, nuove Realtà acquisite.

È giunto il tempo dell'abbandono, della resa, del DONO DI SÉ. Utile che in questo processo non ci si affidi alla Verità individuale perché non basta, si necessita di un allargamento, un'espansione volta all'insieme.
Se mi si chiede se ad Altrove si trova la "*Verità*", rispondo serenamente di no. Per essere più chiari, potrei rispondere che anche "Altrove" si chiede

se è la Verità. La "Verità" non si trova in un luogo come Altrove o fuori, bensì dentro ognuno di noi, ed è nella misura in cui questa "Verità" continua a fiorire dentro di noi, che la riconosceremo anche là "fuori", all'esterno, perché la vestiamo, la incarniamo, la siamo.

Fare per Essere

"E nella Luce Vedremo La Luce" citano le Scritture. Questi nuovi Lavori, queste lezioni attive ordinate e progressive devono essere solo prese come una "Guida", come una "Fiaccola" che illuminando può stimolare e aiutare a far emergere e vedere quella "Verità" che portiamo già dentro. Questo è il vero spirito con cui si ha necessità di affrontare e sviluppare questo nuovo percorso di indagine, questi studi, e risulta essere il vero atteggiamento che adotterebbe qualunque scienziato dei "Misteri Universali" della Scienza Iniziatica.
Per accedere totalmente a quanto si propone bisogna realizzare che la nostra vita, così com'è, è solo una reazione ripetitiva e meccanica a stimoli esterni: quello che chiamiamo io e me stesso è un groviglio confuso di piccoli io in perenne conflitto fra loro. Non c'è unità in questo stato delle cose, poiché di fatto l'uomo ordinario è plurale. Da qui la necessità di interiorizzarsi sempre più, comprendere totalmente e definitivamente che l'esterno è solo un riflesso dei nostri umori e dei nostri stati d'animo che sono di natura squisitamente interiori.
Da qui la NECESSITÀ di costruirsi un Centro interiore, che regolarizzi e disciplini tutti quei movimenti di superficie che determinano l'illusione che chiamiamo ancora Vita. Un Centro stabile, fisso, immobile per procedere dalla molteplicità verso l'Unità.
La Via, Orma dopo Orma, è data dallo sforzo Cosxiente che sviluppa l'apertura, quella *FRAGILITÀ*, quella recettività attiva che si propone anche alla sofferenza volontaria. Lo sforzo Cosxiente è Attenzione, Presenza, Ricordo di Sé. La sofferenza volontaria è invece l'abbandono delle

proprie certezze, delle proprie opinioni, della propria affermazione meccanica di se stessi, della costante ricerca di riconoscimento, del desiderio di rassicurazione, del conforto intellettuale del proprio senso di sé con le sue pretese di importanza e di onniscienza.
Un totale *ABBANDONO A CIÓ CHE È* ci viene in questa fase richiesto.
Una consacrazione alla Lealtà verso noi stessi.
Lo sforzo consiste nello smascheramento delle emozioni negative (ansia, rabbia, sentimento di paura, autosvalutazione, autocommiserazione, vanità, amor proprio, ecc.), dell'immaginazione illusoria (cioè il credersi ciò che non si è), e della "identificazione" feroce e costante in ogni forma di attaccamento.

Ieri leggevo un vecchio volantino che decretava la fine della prima guerra mondiale dove si evidenziava che dopo un certo periodo l'Italia aveva vinto la guerra. Bene, ho realizzato che in questo momento ad Altrove, viene dichiarata interiormente quella che definisco una Guerra Sacra. La nostra "Essenza" di gruppo, ciò che è innato e Naturale in noi, si sviluppa e cresce conquistando e nutrendosi *ENERGETICAMENTE* della "personalità di facciata", ciò che è indotto e acquisito dall'esterno, che normalmente la copre e la soffoca.
In questa guerra sono abbattute spietatamente e ferocemente tutte le illusioni: prima fra queste, l'assai poco utile convinzione di avere un corpo con "in dono" un'anima.
Esiste solo, nuda e cruda, una Realtà oggettiva di quello che l'essere umano veramente è.
Questa Realtà, che soggiace in ogni forma di ignoranza, è che l'uomo ordinario nel sonno è una macchina funzionalmente organizzata e priva di unità, che come tale agisce, ma che, nella sua natura di superficie, sfrutta solo una piccolissima parte delle sue autentiche potenzialità: questo è un corpo abitato da un'anima? Solo se accetta questa intima Verità, partendo da questa presa di Cosxienza oggettiva e Reale, l'uomo detiene la possibilità di incamminarsi verso un graduale Risveglio, verso un gradua-

le cambiamento del suo stato d'Essere, verso una possibile e *FATTIVA* Evoluzione; NON PRIMA.
Esistono menti che si interrogano, che desiderano la Verità del Cuore, la cercano chissà dove, si sforzano di risolvere i problemi generati dalla Vita, cercano di penetrare l'Essenza delle cose e dei fenomeni, e di penetrare in loro stesse. Se un uomo sviluppa un retto pensiero, una necessità d'Essere e una ferma Aspirazione, non ha importanza quale cammino egli segua per risolvere queste difficoltà, deve inevitabilmente ritornare a se stesso, ed incominciare dalla soluzione del problema di che cosa egli stesso sia e di quale sia il suo posto nel mondo attorno a lui.
La *NECESSITÀ* di questo Lavoro è e resta il gruppo. Un uomo da solo può fare poco o nulla.

> *"Siete in prigione. Tutto quello che desiderate, se siete intelligenti, è fuggire. Ma come fuggire? È necessario scavare un tunnel sotto il muro, ma un uomo da solo non può fare nulla; supponiamo però che ci siano dieci o venti uomini: se lavorano a turno e si coprono a vicenda, possono completare il tunnel e scappare".*
>
> Georges Ivanovic Gurdjieff

Per questo il Lavoro si è tramandato attraverso gruppi di allievi che, dalla sintonia e dal conflitto delle proprie diverse personalità, hanno saputo trarre il materiale alkemico, la linfa per far crescere il loro singolo ramo ad uno stesso albero.

Diceva qualcuno: *"Sappiate cosa vi sta davanti agli occhi, e quello che vi è nascosto vi sarà rivelato. Perché nulla di quanto è nascosto non sarà rivelato".* Questo è tutto

Lux Radix

Rendici, o Padre, invulnerabili.
Che possiamo vedere le creature, non con gli occhi corporei,
ma con le energie spirituali che scendono dall'alto.
Possiamo essere nel cielo e nella terra; nell'acqua e nelle piante e negli animali; nella matrice e fuori della matrice, nell'infinito spazio.

Così sia

Ermete Trismegisto

Lume IV

Perfettibili ed Impeccabilità

12 Giugno 2016

Il cammino Iniziatico sin qui percorso sancisce, in modo spontaneo, un'antica Alleanza che conduce e apre uno spiraglio verso quella Fratellanza che accomuna da millenni tutti gli esseri umani pronti ad un'esperienza volta alla Realtà e all'Amore. Una bozza certo, uno schizzo, ma pur comunque un inizio che porta in seme opere impetuose di novità.
La Luna nera di Venerdì col nuovo Lavoro del teatro percettivo sperimentato sul tetto dell'aula, ha contribuito a muovere pura acqua di fonte che muove essenza in ognuno di Noi. Spontanee, Autentiche e Vere le nostre Essenze hanno espresso ciò che in Realtà siamo; un percorrere ere che non interrompe mai quel filo d'Oro essenziale che in Amore da sempre ci unisce.
Ed è ancora la Luna crescente che ci invita nei prossimi giorni a portare in superficie quanto nelle officine interiori si è modellato e trasformato in questo primo approccio a questo sperimentale Lavoro.

Il "teatro percettivo" apre ad un ciclo rinnovato di esperienze, orientate ad una fattiva trasmutazione creativa d'insieme. Quella stessa trasformazione già avvenuta qualche mese fa nel simbolo emblema di Altrove. Il Fiore a otto petali è sbocciato e si racchiude oggi, essendone contenuto, in una ROSA a otto petali sorretta da un Leone alato, il Thelesma del Mondo. Questa trasformazione dona rinnovata COSXIENTE FORZA che convoglia e interseca infinite possibilità di manifestazioni e creazione.
Siamo Noi e il nostro comune proposito che decretano oggi più di ieri cosa e come questa trasformazione può essere concretizzata e sviluppata.

Questo Simbolo, questo Atto nella sua Sintesi, ESPRIME il Proposito e lo Scopo della Via della Rosa che, Cosxienti o meno, accomuna e unisce all'Organismo Altrove l'Umanità tutta, di cui ne siamo umile riflesso.

Abbiamo parlato in questi ultimi giorni di perfettibilità, e per restare in tema aggiungo anche l'impeccabilità, poiché essere presenti e focalizzati sulle proprie responsabilità ci fa essere non solo perfetti, ma impeccabili, cioè senza alcun PECCATO, senza colpe, senza grilli, senza rospi, ci fa essere così come siamo e non più come pensiamo di dover essere.
La Perfettibilità e l'Impeccabilità sono la nostra firma dunque per questo nuovo ciclo di esperienza.

Sintesi, Tesi e Antitesi

Ciò che talvolta ancora mi chiedo, è quale sia il confine tra il realizzare uno Scopo cardine nella propria esistenza e lasciare, a prescindere, ai Piani Superiori i risultati dell'Esperienza. In altre parole come si conciliano le due Leggi che a volte, quando immerso nel rumore dell'Esistenza, mi appaiono contrastare.
Mi chiedo se tutto è pensiero ed io nell'Atto del "Pensare" Cosxientemente plasmo la Realtà interiore ed esteriore, oppure sperimento, nell'Atto del "Fare", una Realtà che riserva tutti gli Atti e i risultati all'Infinito?
Questo quesito, quando emerge, è ancora molto profondo.
È una domanda che presto o tardi si affaccia nell'interiorità di tutti i Veri scienziati della Verità. È bene approfondire in modo condiviso questo tema ed il suo Reale significato per comprendere perché tale paradosso va conciliato. Nell'attimo in cui concilio tesi e antitesi, sotto qualsiasi aspetto o movimento della mia esperienza, emerge Sintesi, Verità immobile e solida. Nell'Unione degli opposti concilio e sono simultaneamente sia il PENSARE che il FARE, sono Quiete e Movimento, esco dall'ordinario funzionamento della macchina.

IO SONO COSXIENZA

Dio per Essere un IO consapevole necessita di esperire la Vita proprio in questo mondo, e FARE. Come per l'aria che è indispensabile alla Vita, AMARE è indispensabile per ESSERE.
La Via della Rosa è la Via dell'Amore.

Il "Padre" dei Salmi non è un "maschio" ma è ORIGINE di tutte le cose, ed è quiete e movimento assieme, per cui nella SINTESI si chiude e si schiude contemporaneamente una Realtà d'Amore. L'unico neo che ancora copre il Reale e non dà un senso compiuto di queste parole è che l'Amore che qui si esprime non è conoscibile, trascrivibile o pensabile, poiché nella sua intima Natura si può solo sperimentare.

Dice il Salmista:

> *"Come il Padre* [ORIGINE] *ha amato me, così anch'io ho amato voi. Rimanete nel mio amore. Se osserverete i miei comandamenti, rimarrete nel mio amore, come io ho osservato i comandamenti del Padre mio e rimango nel suo amore. Questo vi ho detto perché la mia gioia sia in voi e la vostra gioia sia piena. Questo è il mio comandamento: che vi amiate gli uni gli altri, come io vi ho amati. Nessuno ha un amore più grande di questo: dare la vita per i propri amici. Voi siete miei amici, se farete ciò che io vi comando. Non vi chiamo più servi, perché il servo non sa quello che fa il suo padrone; ma vi ho chiamati amici, perché tutto ciò che ho udito dal Padre l'ho fatto conoscere a voi. Non voi avete scelto me, ma io ho scelto voi e vi ho costituiti perché andiate e portiate frutto e il vostro frutto rimanga; perché tutto quello che chiederete al Padre nel mio nome, ve lo conceda. Questo vi comando: amatevi gli uni gli altri".*

E aggiunge Omraam Aïvanhov:

> *"Quante terre sono diventate dei deserti a causa della mancanza d'acqua! Ma anche quanti deserti, dove si è potuto portare l'acqua, si sono*

trasformati in terre fertili! L'acqua è la vita che circola. Chi vuole diventare una terra fertile deve sempre lasciar scorrere l'acqua della vita in se stesso, senza preoccuparsi di sapere quali alberi cresceranno, fioriranno e daranno frutto, né quali saranno gli uccelli che verranno a cantare su quegli alberi. Qualcuno dirà: «Ma io voglio prima sapere quale sarà il posto di quell'albero e su quale ramo canterà quell'uccello». Se aspetta di conoscere tutti quei dettagli prima di decidersi a lasciare scorrere l'acqua, passeranno secoli e nessuna erba crescerà, nessun uccello canterà. Lasciate dunque scorrere l'acqua, e allora vedrete come tutto troverà il proprio posto, come tutto canterà, come tutto fiorirà. Lasciare scorrere l'acqua significa non smettere mai di amare. Qualunque cosa vi accada, non chiudete mai il vostro cuore, perché altrimenti lascerete instaurarsi in voi il deserto. Forse gli altri non hanno bisogno del vostro amore, ma siete voi che avete bisogno di amare".

Per comprendere a pieno ciò che esprimono questi versi, essendo pillole di Saggezza, si necessita di sperimentare questa Realtà, altrimenti questi versi risuonano solo come poesie di buone novelle.
Chi non cammina tra le *ROSE* non può comprendere e ancor meno considerare che un'azione compiuta per il solo fine di aiutare un proprio simile, una Sorella o un Fratello in cammino, senza aspettarsi compensi di alcuna natura, e senza premio in questa vita, è un chiaro segno della LIBERAZIONE del proprio Spirito dai legami e dal possesso di ogni soggettività egoistica e di ogni bene affettivo e materiale.
Il SERVIZIO resta l'unico strumento per la purificazione e per l'accesso alla transfigurazione della personalità.

Sostanzialmente ci si può chiedere: ma se i risultati sono nelle mani dell'Infinito, e così è, per quale motivo dovrei stancarmi e affaccendarmi a fare sforzi per un Lavoro di Risveglio? Se non dipende da me sia il quanto che il come, a quale scopo incamminarsi e percorrere vie e sentieri irti di difficoltà e fatica, senza alcuna sicurezza? Questo è il fulcro della discorsività interiore della maggior parte degli individui che si avvicinano ad un Lavoro come il nostro, e si acutizzano nel momento in cui si è cominciato a verificare la Verità di quanto "assunto" sino a quel momento. La Verità, come la LIBERTÀ, come l'AMORE, paradossalmente se conosciute ci fanno PAURA. Forse è proprio l'ego di superficie, con i suoi indefiniti io, coi dubbi, lo scetticismo e la confusione, lo strumento che l'Essere utilizza per sperimentare e perfezionarsi? Chissà...

Allo Scopo di spostare il nostro punto di osservazione dall'analisi concettualizzata fin qui, forse è utile l'immagine di un viaggio.
Quando si intraprende un viaggio, se è vero che la scelta della destinazione, la pianificazione e l'inizio del viaggio verso la destinazione sono decisi da voi e possono risultare una vostra Responsabilità, è altrettanto vero, e non si può dire il contrario, che quello che accade durante il viaggio non è in alcun modo pensabile, programmabile e predicibile. Può succedere che là dove avevate programmato di rimanere un giorno, restate una settimana; là dove pensavate di restare a lungo, siate andati via in tempi rapidissimi. Improvvisamente, durante un viaggio (la Vita è paragonata spesso al viaggio), si apre un dettaglio, di fronte a voi si mostra un incrocio che conduce esattamente ad una terra che non avreste mai visto, se non grazie, superata la PAURA, alla scelta della strada e al viaggio intrapreso.
La Responsabilità della scelta di quale viaggio intraprendere è solo nostra. Questo è un nostro compito. Con questo atto decidiamo che cosa creare, che cosa manifestare e sorreggere dando energia alle motivazioni e ai propositi che sostengono questa scelta. Affinché questo compito sia IMPECCABILE, si necessita di scegliere con cura la destinazione. Anche una semplice avventura è un viaggio, tutto si racchiude in un muoversi attraverso la Vita, anche un caffè al bar o andare a fare la spesa possono rivelarsi viaggi. Il Lavoro su di sé che sviluppiamo ad Altrove è un viaggio. Tutte le esperienze possono essere associate ad un viaggio.
Per me, l'unico VERO e AUTENTICO VIAGGIO è quello Interiore.

Viaggi Interiori

Lo Scopo non è guadagnare o perdere, ma sacralizzare ogni atto che si sviluppa nella Materia. Laddove la Personalità si chiede "e io?, e a me niente? A lui si e a me no? ", l'Anima chiede "ma questo è a beneficio, utilità e Servizio della Vita?". La Personalità di superficie guarda e teme solo il risultato, perdo o vinco.
L'Anima trova l'IMPECCABILITÀ nel processo esperenziale, poiché il fluire stesso nell'esperienza la riconduce verso se stessa.
Questo è il vero Viaggio.
Ecco il motivo per cui uno Scienziato cerca di limitare al minimo l'interferenza della sua mente e rimane concentrato sull'Azione che sta compiendo.
Uno Scienziato sceglie e decide cosa creare e cosa manifestare nel suo mondo. Una volta scelto il viaggio e la destinazione da raggiungere, egli si mette in Azione per manifestarlo nella Materia, lasciando al Divino i risultati.
L'unica firma che mettete a garanzia delle Vostre azioni è la Vostra IMPECCABILITÀ che vi rende PERFETTIBILI in ogni singolo istante, perché questa è l'unica cosa che davvero fa la differenza nell'Azione che state compiendo proprio in quel preciso istante. La misura della vostra Impeccabilità è dettata ed orchestrata dal vostro intimo Ascolto, che vi indica e vi dirige costantemente dove serve e non dove "desiderate o volete" essere. Così, in questo modo, si crea e si lascia andare ogni possibile creazione nelle mani dell'Infinito, poiché a Lui appartiene e a Lui ritorna. Se i risultati sono nelle mani del Divino, l'Impeccabilità di ogni Essere dovrebbe diventare la sua specifica firma, che non dipende dagli altri e nemmeno dai risultati, ma soltanto dal suo senso acquisito di perfettibilità e dalla sua propria Integrità raggiunta.

Impeccabilità è assenza di Peccato

È questo l'obbedire, il sottomettersi, è il deporre la spada di fronte al trono del Re Interiore. È il Servire spontaneo che sgorga da ogni Cuore, e annuncia serenamente: *"Non la mia, ma la Tua Volontà è compiuta"*.

E poi ritirarsi in Pace, nell'attesa del prossimo compito da adempiere, del prossimo sorriso da donare, del prossimo Silenzio con cui nutrire, del prossimo gesto da fare, dell'Amore Infinito da esperire.
Tutto questo è un preciso *TOCCO*, che le parole non possono descrivere. Colui che si è incamminato da tempo sulla Via, conosce benissimo questa sensazione Interiore, mentre per molti essa può apparire ancora un'immagine di un mondo inesistente, una chimera nel mare della desolazione degli attuali tempi. Ma non è importante. Un giorno anche questa vetta sarà valicata e questo sconosciuto porto approdato.
Tutto è possibilità di tutti.
Non preoccupatevi più di pensare a che cosa fareste domani, il pensiero temporale è cosa inutile.
Educatevi e disciplinatevi al Fare, ad agire e ad essere IMPECCABILI in ogni vostra più piccola Azione. Perché questa è la vostra firma, l'unica firma sulla quale si può davvero imprimere il vostro Potere e la vostra Essenza, al di là di ogni possibile peccato e colpa.

L'unico peccato che facciamo ogni giorno è di rimanere nell'ignoranza alimentando l'illusione che ci rende schiavi.

Ed è questa l'unica cosa che conta davvero. Svegliarsi per andare oltre ogni schema autolimitante. Al di là di ogni senso di perfezione e del risultato apparente o sperato. Al di là della vittoria o sconfitta. Al di là di giusto e sbagliato, del mi piace e non mi piace. Essere Svegli, questa è la SINTESI da perseguire e attuare, ancora e ancora, sempre più e meglio.

Essere *PERFETTIBILI e IMPECCABILI*, questa è la ricetta.

Cucinati dunque, senza remore, squagliati, sciogli il tuo ghiaccio siderale al Fuoco dell'Amore per te stesso, poiché adesso un astro lucente irradia la tua vera natura Essenziale, alimentando e nutrendo la Sostanza, quell'Amore utile alla fabbricazione del tuo involucro di Luce, l'anticamera della tua Eterna Essenza, il vestito Regale della tua Anima.
Che la Rosa ispiri il tuo Cuore e ti raccolga nell'abbraccio Eterno e Infinito della Madre Divina, Madre e Rosa Onnipotente di ogni possibile forma. Sii preparato dunque, poiché la Rosa sei tu.
Ho detto

Lux Radix

Lume V

La Libera Azione dell'Essere

17 Maggio 2015

Con il nostro Lavoro, come libri viventi siamo a scrivere nel moto Eterno della Vita nuove e originali storie evolutive.
Noi tutti siamo il NUOVO, contenuto nel vecchio.
Siamo simili a scrittori, poeti, siamo i cantori ermetici senza sonno e senza tempo che suonano e cantano la Vita.
Come sovviene difficile descrivere una Visione, una Rivelazione, un'Intuizione, così è anche per la VITA, per cui è utile limitarsi a cantarla quale poesia dell'Anima... la Vita...
Un cantare che esprima un linguaggio archetipico, originale, essenziale, che con semplici note, segni e simboli racchiuda ed esprima l'insieme e la totalità propria dell'ESSENZA dell'Umana Natura.
Questa premessa ha di certo la funzione di essere ponte per connettere e intercedere tra quanto riusciamo ad esprimere, ancora in minima parte, e quanto rimane inespresso per i limiti della parola e del pensiero lineare, discorsivo e concettuale usato attualmente (mente ordinaria). Perdunque trascenderemo il parlare, che verrà utilizzato solo a fini puramente pratici e non più relazionali e conoscitivi. Tuttavia in ogni cambio, in ogni passaggio, c'è un ponte, una passerella. Ad Altrove stiamo cercando di entrare in contatto con questo processo di trasformazione, volto ad un nuovo e sintetico linguaggio, essenziale, espressione dell'Essere. Un nuovo strumento che esprima un rinnovato ed evolutivo modo di relazionarci al di là dell'interpretazione delle parole, con un'attenzione alla gestualità del corpo, che canta e suona, oltre che parlare un suo arcaico linguaggio. Un linguaggio che coglie l'insieme, senza più incomprensioni, interpretazio-

ni, opinioni e conseguenti divisioni. Un approccio che tocca ogni profonda espressione umana, che opera e lavora su ogni centro di Cosxienza. Un'Educazione Integrale che trasforma col Fare quanto ancora risulta difficoltà, limite e impossibilità.

Lavoro e Sviluppo

Il Lavoro appena concluso si può racchiudere con il titolo di un film: "Una settimana da Dio". Un film interessante che mi riporta a guardare con semplice attenzione come la mente, nelle sue infinite interpretazioni, possa oggettivare una frazione di tempo e di spazio, in questo caso una settimana, attribuendogli un significato divino o umano, e talvolta demoniaco. Come in una sequenza di diapositive, la Cosxienza proietta, facendo emergere dal passato o da un probabile futuro, le immagini memorizzate in ogni singolo individuo: le emozioni, i conflitti, le esperienze vive, le relazioni, le acquisizioni, le profonde destrutturazioni, le spogliazioni, gli umori, i lavori, tutto si racchiude in un attimo che, scorrendo come fluida Sostanza sullo schermo della mente, può sembrare interminabile e im-menso, simile a ciò che diciamo essere un'intera Vita.
Nell'osservazione distaccata però, si percepisce e si realizza sempre che tutte le nostre memorie non si sviluppano nell'arco temporale di una settimana e nemmeno in una vita, tutto quanto vissuto e da noi sperimentato ha modo di ESSERE nel solo e unico tempo possibile: Adesso.
L'azione dinamica e Reale è sempre espressa e sperimentata in un Eterno Presente, oltre e al di là di ogni concetto mentale e temporale; essa si sviluppa in una sorta di Vuoto non contenibile e misurabile da alcuno strumento e mai rilegabile in alcuno spazio. Tutto accade in un Vuoto, nel Niente e nel Nulla Onnipotente e Onnicomprensivo, Immanente e Soggiacente a tutte le cose; provate a oggettivare lo spazio e il tempo vissuti nell'ultima ora appena trascorsa, focalizzando la vostra singola e soggettiva esperienza in questo breve arco temporale: vedrete che risulta impossi-

bile collocare in un tempo definito quanto sperimentato e vissuto. Il tempo è relativo se sono in Presenza. In questo FARE non esistono secondi, minuti, giorni, settimane, mesi, anni e tanto meno il tempo come viene comunemente inteso o distanze che possano delimitarsi in spazi determinati, riempiti o misurabili da pesi o misure. Ricordate sempre: la natura Essenziale della Mente è senza tempo, così è per la Vita e ancor più per il Corpo. *Noi Siamo Pura Cosxienza Infinita: sempre!*

È solo nell'atto del pensare che IO mi divido dalla mia natura Essenziale e posso esprimere e oggettivare nel "tempo" il mondo esterno come concetto oppure come oggetto, qualcosa che risulta, nell'illusione temporale, separato da me. È proprio questo movimento che nell'abitudine meccanica determina lo stato di sonno in cui versiamo. È l'accettazione fallace di quest'abitudine che per ripetizione si cristallizza come reale e non viene più scorta divenendo "normale".
Questo stato incosciente ci identifica relegandoci in un angusto schema delimitato nello spazio e nel tempo, uno schema che nel flusso di pensiero intercorre tra ciò che definiamo "passato" e "futuro", e determina nell'abitudine ciò che elaboriamo come esperienza di Vita. Una vita non vissuta, ma pensata, nel tempo.

Essere Colui che pensa vuol dire Essere colui che utilizza il "pensare" come un'azione, un atto, uno strumento, e che non si identifica mai nell'atto. Quando tu mangi non per questo divieni il cibo che mangi.
Tu non sei il pensiero ma Colui che nell'atto del pensare utilizza la mente come strumento. Tu non sei il pensiero in sé ma la Natura Essenziale da dove proviene e origina il pensiero stesso. Tu sei la fonte, l'origine di ogni singolo pensiero. Tu sei l'Essere Vero al di là dello spazio e del tempo e sei ETERNO. Tu sei Colui che nell'atto del pensare, nel Fare pensiero, ha il Potere di creare la propria Realtà perché sancisce una costante unione degli opposti.
Questo Principio svela una creante difficoltà animica (il Karma), che

ognuno di noi può scegliere di superare e trascendere. È proprio nell'atto di compensare questa difficoltà e trascendere questa prova, che l'individuo spersonalizzato accede e si volge verso il proprio Dharma: lo Scopo che ha scelto in questa Vita.

Tutti noi, nel Lavoro che sviluppiamo, ci siamo orientati al superamento di questa prova e dunque siamo veicolati a superare il nostro Karma individuale, per poterci poi volgere con rinnovata fede verso il nostro Dharma, che si rivela il vero Scopo in questa Vita.

Astrologia Esoterica

Il Karma e il Dharma in astrologia vengono identificati come nodi lunari e non sono come i pianeti dei "corpi fisici" nel cielo. Questo termine indica due punti di intersezione tra il percorso della Luna (femminile) nel cielo e quello del Sole (maschile) o eclittica (l'eclittica è il percorso apparente che il Sole percorre in un anno rispetto allo sfondo della sfera celeste). I nodi lunari non sono dei punti fissi sull'eclittica. La loro posizione muta nel tempo compiendo un giro intero dello Zodiaco in circa 19 anni. Detto moto è conosciuto con il nome di Nutazione (mutazione). Nel tema astrale (che non è il tema natale), i Nodi (Karma e Dharma) hanno una grande importanza: il loro significato è assai profondo e riguarda l'evoluzione esistenziale dell'individuo. Sono gli estremi del nostro cammino evolutivo. Ciò a cui noi dovremmo con fervore Aspirare è il processo di integrazione di entrambi gli estremi dell'asse dei Nodi (poiché un'estremità non può essere compresa senza l'altra) per realizzarci pienamente ad ogni livello della Vita. Il Nodo Sud (Karma) è il simbolo del "passato" dell'individuo: una porta già aperta su di una "stanza" in cui ristagnano le azioni già compiute, le abitudini già assunte in modo inconscio e nelle vite precedenti, il Karma individuale. Il Nodo Nord (Dharma) rappresenta, invece, il possibile accesso al divenire: non un divenire già pronto per l'uso, ma da raggiungere con la consapevolezza che porta alla presa di Cosxienza e al progresso individuale: una porta da aprire per percorrere un nuovo cammino esistenziale, il Dharma, lo Scopo di una nuova Visione dell'ESISTENZA.

Karma e Dharma

Chi Sono, da dove arrivo, cosa ci faccio qui e qual è lo Scopo in questa Vita?

KARMA: Chi sono io?

Rispondere a questa domanda equivale ad avere accesso al proprio Potere Interiore, la Sostanza che racchiude come in un seme i doni, i talenti e le Virtù della propria Essenza.

È necessario innanzitutto che si comprenda bene cosa sia il Karma. Tale parola sanscrita è usata per indicare una "Legge di azione e conseguenza", secondo la quale non esiste causa senza effetto, né effetto senza causa. Qualsiasi atto della nostra Vita, dunque, positivo o negativo, ha le sue conseguenze. La Legge della Bilancia, la Legge del Pendolo, la Legge di Causa ed Effetto governa e soggiace a tutto il creato. Ogni causa si trasforma poi in effetto e ogni effetto si trasforma in causa: in sintesi, semini ciò che raccogli.

A questo punto del Lavoro è utile comprendere che cos'è la legge della Compensazione: tutto quello che si fa crea una conseguenza, un effetto. Il Karma è la legge della Compensazione ma di certo non della vendetta o della punizione, come predicano alcuni. Anzi, per la mia personale esperienza, è proprio il compito che abbiamo in questa Vita da trascendere e superare. Il Karma è la prova che abbiamo scelto. Ci sono alcuni che confondono questa Legge Cosmica con il determinismo e il fatalismo e credono che tutto ciò che capiti all'uomo sia determinato inesorabilmente da quello che è successo prima. È vero che gli atti dell'essere umano sono determinati dall'ereditarietà, dall'educazione e dalla paura, ma è anche vero che l'uomo RISVEGLIATO, L'UOMO N-UOVO, grazie al Lavoro su di sé ha il Potere di modificare le sue azioni, educare il suo carattere, formare dei comportamenti Superiori, combattere debolezze e fortificare innate Virtù.

Il Karma è un FARMACO-VELENO che ci viene somministrato per il nostro processo EVOLUTIVO.

Quando si viene in questo mondo ci si arriva con il proprio destino e ci si porta un fato che si può definire "avverso"; i nostri diavoli personali, i nostri veleni, il nostro peso di piombo scuro e denso: queste sono le nostre Luci travestite da ombre. Alcuni nascono su un materasso di piume e altri in disgrazia. Se nella nostra passata esistenza abbiamo ucciso, allora forse verremo uccisi; se abbiamo ferito, verremo feriti; se abbiamo rubato verremo derubati, e "con il metro con cui misuriamo gli altri verremo misurati".
Non è possibile alterare un effetto se prima non vengono modificate radicalmente le cause che lo hanno prodotto, come per la malattia che sperimentiamo nel corpo fisico. Si deve sempre lavorare disinteressatamente e con infinito Amore: così facendo possiamo alterare le cause negative che hanno determinato gli effetti negativi a cui per ignoranza e per incoscienza siamo ancora assoggettati. L'unica cosa che si richiede per avere diritto alla vera GIOIA è innanzitutto annullare ogni forma di resistenza e quindi trascendere l'Ego. Ogni fatto della Vita, ogni avvenimento, ha la sua causa in questa vita o in una vita precedente, ma abbiamo bisogno di esserne Cosxienti. Chi risveglia la Cosxienza può viaggiare nei suoi Mondi INTERIORI e correggere in superficie ogni difetto che è causa di disarmonia.
Durante i processi iniziatici in cui si ha accesso al Fuoco, si comprende a fondo che quando una Legge inferiore è trascesa da una Legge superiore, la Legge superiore contiene e ingloba quella inferiore, annullandola.

Diceva Qualcuno:

> *"A chi ha sarà dato e sarà nell'abbondanza; e a chi non ha sarà tolto anche quello che ha."*
>
> Matteo 13, 12

DHARMA: Lo Scopo della Vita.
L'Opera: mettere a frutto i miei Semi Divini.
Dharma è un termine sanscrito che può essere tradotto come "Legge Cosmica", "Legge Naturale", oppure il modo in cui le cose realmente già sono. Vivendo in accordo con questa Legge, è possibile porre fine alla sofferenza dovuta al ciclo delle nascite e delle morti (*Samsara*).
Poiché tutte le azioni (Karma) producono effetti o frutti (piacevoli, spiacevoli, o neutri, a seconda del grado di Cosxienza), l'unico modo per ottenere la Liberazione è agganciarsi all'Ordine Universale della Vita, e vivere in armonia con esso, senza aspettative, senza attaccarsi ai risultati delle azioni virtuose, in modo che esse conducano gradualmente alla Liberazione, poiché infine tutto è mutevole, impermanente e transitorio.
Si possono definire due stati o dimensioni che determinano lo Scopo della Vita o Dharma: una che riguarda la legittima acquisizione e fruizione dei beni determinati dalle esperienze di questa Vita, e l'altra, come detto sopra, di tipo escatologico, che concerne il fine ultimo di ogni anima: la liberazione finale dal *Samsara*. "Dharma" significa anche sostenere, reggere, servire.
Entrare in contatto con lo Scopo della propria Vita equivale ad essere Gioia, ad avere Fede, a realizzare che esiste in noi Qualcosa che ci sostiene e ci anima. Il termine "Dharma" deve allora essere compreso nel suo originale contesto metafisico, quello dell'essere "conformi" al Principio Divino Creativo che opera dall'interno di ogni individuo. Questo è ciò che le tradizioni metafisiche di qualsiasi estrazione religiosa considerano, in linea di massima, il principale Scopo della Vita. Subordinati a questo Scopo, se ne riconoscono altri due che, nei bisogni primari, nutrono e sostengono la natura umana in questo piano di Realtà: il benessere (l'uo-

mo ha bisogno dei beni materiali per sostenere la vita) e il desiderio, il piacere (l'uomo ha bisogno di essere felice e godere delle cose buone e dell'abbondanza del mondo). Questi due concetti devono essere visti in funzione del fine ultimo, il che significa che vanno guidati e regolati a seconda dei Principi dello Scopo (Dharma individuale), per poter effettivamente condurre alla propria personale LIBERA-AZIONE = LIBERAZIONE.

Bambini oltre tempo
Libera Azione, Libertà di Essere

Il tempo non misurabile si racchiude in un attimo o si espande all'infinito. Con questa percezione della Realtà tutti noi siamo rivolti, oltre i consueti costrutti mentali, verso l'unico e solo tempo: l'attimo Presente. Qui, in questo stato di Cosxienza, ogni singola esperienza è vissuta in modo totale, spontanea, piena. I sensi si aprono e tutto risulta amplificato. Il corpo abituato a proteggersi dai continui flussi energetici provenienti dall'esterno, si ammorbidisce ampliando le impressioni e nutrendosi della sottile e pregnante energia dinamica che ne deriva. Qui tutto risulta vivo, ma di un vivo diverso da come comunemente interpretiamo la Vita. Un vivo... vivo, organico... reale.
Un vivo che puoi scorgere solo nei bambini, un vivo che questi incarnano in modo naturale, spontaneo e autentico.
Ad Altrove si sperimenta spesso questo "essere vivi", e si ritorna ad ESSERE BAMBINI. Tornare bambini, questo è il segreto. Il bambino è spontaneo, sincero, istintivo, non mentalizzato, perché è l'unico modo che ha e conosce per approcciarsi alla Vita. Per Lui tutto è un gioco, curiosità, Gioia, Amore. Sì, un gioco.

Prendere la vita come un gioco semplifica il Lavoro portando lo stato di Cosxienza ad un livello profondo e nello stesso tempo semplice, creando un accesso stabile e duraturo con la nostra Vera Natura interiore.

Il Divino che da sempre è in noi è un BAMBINO, è l'Archetipo dell'Innocente, è il MAGO di ogni favola, è il Figlio perfetto di ogni Padre e di ogni Madre. É LUI e non è mai solo.
Il Bambino è semplicità Pura nella sua purezza.
Interpretata da un punto di vista spirituale, la semplicità è la capacità di unificare la propria Vita Interiore. Chi si affida alla mente si lascia attraversare da ogni genere di pensieri, sentimenti e desideri contraddittori alimentando in sé l'oscurità e il disordine. Il vero discepolo della Vita, il vero Iniziato ai Misteri, deve dirigersi verso un unico obiettivo, avere un solo ideale, un'unica Aspirazione, un solo nutrimento, deve agganciare il suo Scopo Interiore. Sarà questa unità a dargli la purezza e la semplicità, lo splendore e la Forza che non verrà mai più meno, perché in Lui è Eterna.

Nel piano fisico, materiale, accade di venire privati di oggetti che crediamo appartenerci, di affetti che ci fanno soffrire perché vissuti nell'attaccamento e nell'idea di possedere qualcosa che non ci è appartenuta mai veramente.
Nel piano psichico vale la stessa Legge, poiché si può perdere solo ciò che non ci appartiene veramente, ovvero quelle cose che ancora non fanno parte di noi integralmente. Ciò che possediamo *realmente* è impossibile perderlo. Ogni evoluzione o acquisizione che abbiamo perseguito è fissata in noi per sempre.
Se qualcuno dice: "*Avevo la Pace, la Gioia, la Volontà, la Forza, il Potere, la Luce, l'Amore e ora li ho perduti*", significa che tutte queste "virtù" non gli sono mai appartenute davvero. Chi aspira profondamente ad Essere, chi aspira alla Luce e all'Amore, deve identificarsi in queste Forze e diventare egli stesso la Luce e l'Amore. Gesù diceva: "*Io sono la Luce del mondo*". Non ha detto che la Luce era in lui o con lui, ma che egli era la Luce, dunque si identificava nella Luce. In questa formula c'è tutta una scienza infinita da meditare e contemplare.

Umanità d'Altrove
Bambini e Balocchi

E dunque, questo momento risulta essere un buon periodo da passare alla giostra della Vita. La giostra gira, gira, gira e girando, accade di tutto. Ogni possibile gioco diviene accessibile. Ogni gioco è fattibile. Sostenuti l'un l'altro, tutti siamo propensi a fare un giro sulla giostra della Vita.
Che pomeriggi alla giostra dell'Altrove. Fiere e animali rari, fauni e sauri mitologici si alternano e sfilano come in un circo itinerante. Ecco, è qui che il paese dei baggiani e dei balocchi si sono gemellati, dando asilo ai più disperati "strani cosi", che in modo del tutto spontaneo vivificano le giornate d'Altrove.
Baggiani divenuti fagiani, folletti e troll, fate e gnomi, ondine e sirene, salamandre e draghi con un gruppo di nani burloni animano e presiedono ogni sorta di sfida, ogni gara in cui ogni ostacolo diviene superabile, ogni limite possibile.
Qui alla giostra d'Altrove ogni cosa è fattibile.
La Vita ci è amica qui, ci è sorella e Madre. La Grazia anima le nostre giornate. Che pieni e che colmi, una vastità ingloba ogni pochezza. Una settimana ad Altrove risulta essere simile a un'espansione atemporale. Immersi in questa rinnovata energia Sopramentale che emana, irradia e sostiene il Centro, tutto tende ad armonizzarsi; in un costante Presente, tempo e spazio perdono il consueto significato sensoriale: tutto ne risulta ampliato e dilatato.

Chiunque arriva qui viene pervaso e informato da questo intenso flusso vibrazionale ondulatorio che insieme incarniamo e che esprime Gioia, Amore, Unione, Creatività, Comunione, Semplicità, Autenticità; in sintesi qui si esprime UMANITÀ.

Altrove quale luogo di Forza è il Corpo che contiene, informa e sostiene materialmente l'Organismo Cosxiente che uniti rappresentiamo e a cui

contribuiamo con le nostre unicità ed essenze a dare nutrimento e Vita.
Altrove è un'alcova accogliente, è il porto sicuro, il bozzolo della farfalla, il ventre primordiale, la terra promessa, un sorso d'acqua di fonte, una boccata d'aria pura, la culla calda e sicura dove dondolare ogni Bambino Interiore.
Il Corpo, la Vita e la Mente entrano qui permeati da un diverso Stato di Cosxienza, accedendo ad una viva Realtà onnipervadente: una Realtà semplice e spontanea, un flusso d'Amore, lo stesso "*Amor che move il Sole e l'altre Stelle*".

Non più assoggettati dal costante e denso flusso di informazioni in cui si è immersi per abitudine nella vita di superficie, qui i nostri centri energetici risultano dinamizzati e ripuliti. È un po' come immergersi in una vasca d'Acqua pura, un bagno di Luce ristoratore, che lava tutte le dense informazioni e forme pensiero nelle quali, come in un oceano, siamo normalmente immersi.
Di certo questo stato di Cosxienza va conquistato, acquisito, assimilato, portato dentro e mantenuto anche nelle attività quotidiane al di fuori del Centro.
Tuttavia questo luogo nella sua più alta Aspirazione ha proprio il compito di creare un'oasi di Luce nella quale formare una rinnovata Cosxienza individuale che acquisisca quell'immobilità, quel Potere, che permette di mantenere una stabilità interiore anche all'esterno. Il messaggio d'Altrove, la Realtà che rappresentiamo, ha necessità di essere veicolata, proposta e divulgata nella sua integra essenza anche "là fuori".
Solo con l'acquisizione di un centro di gravità stabile e permanente ognuno di noi potrà essere esempio e Servizio, e portare, al di fuori del Centro, con la propria Verità questo messaggio che può essere sintetizzato in diversi moti: allenare con il vissuto il Vero Senso di uguaglianza e identità; espandere illimitatamente la Cosxienza (il che equivale a dire *svuotarla* costantemente di ogni contenuto); percepirsi nella propria natura impermanente e ondulatoria, e dunque nella propria dinamica, resisten-

do all'antica abitudine di identificarsi con ruoli, vicende e immagini automatiche; percepire l'autenticità di Essere e Divenire; superare l'alterità e i legami autolimitanti per sviluppare relazioni essenziali ed autentiche; nessuna esteriorità soggettiva che crea attaccamento e sofferenza; intensità d'invocazione e Aspirazione ad Essere; favorire un movimento d'identificazione con il Centro, con una ferma Volontà che accetti ciò che è; essere osservatori del proprio Corpo quale mirabile strumento Divino di conoscenza, per rispettarlo e comprenderlo in ogni sua DIVINA potenzialità e azione.

Sicuramente non sappiamo ancora in cosa riusciremo e come raggiungere lo Scopo della nostra congiunta Volontà di Fare per Essere il nuovo, ma già questo, per dove siamo Adesso, rende di per sé ognuno di noi un atavico GUERRIERO degno di Onore.
Onore che si ha per ogni pioniere e per gli Eroi che come tali combattono, muoiono e vivono non più da soli.

"Una Vita senza Scopo è una Vita senza Gioia".

Mère

"Il nucleo della Gioia: voler essere colui che sei".

Erasmo da Rotterdam

Allora posso affermare di me stesso che sono Gioia. Va bene così com'è. Sto seduto, inspiro ed espiro e godo nel sentire la Vita che scorre fluida e viva in me, di percepire me stesso nella mia unicità. In questo preciso attimo, in questo momento, Adesso, assaporo la Vita, gusto la Gioia nell'assaporarla. Non sono costretto a resistere, a lottare, a cambiare nulla con violenza o con ostinazione, non devo sempre lavorare duramente su me stesso.

Io Sono Colui che sono. IO SONO COLUI CHE È, E SONO LIBERO.
Allora in me regna la Pace e tutto procede bene.
Ecco, semplicemente divento LIBERA AZIONE.

Liberazione
Ermetici Canti

Lo sguardo sposta l'attenzione fuori dalla finestra, un verde intenso quasi mi acceca. Il vento suona tra le foglie del gelso e richiama nuvole vere, pure e bianche. L'erba si muove come d'incanto danzando la danza della Madre, della terra e del mondo. Il moto degli alberi è simile a un canto che gaio e felice si muove ondeggiando. Moltitudini di insetti contornano il campo, liberi e paghi di così tanta abbondanza. Libertà, Libertà d'Azione, Liberazione ecco cosa scorgo fuori da questa finestra.

Ho detto

Lux Radix

"La mente, come i metalli e gli elementi, può essere trasmutata: da stato a stato, da grado a grado, da condizione a condizione, da polo a polo, da vibrazione a vibrazione. La vera trasmutazione ermetica è un'arte mentale".

"Alla base e più in là dell'universo del tempo, dello spazio e delle mutazioni, si trova la verità fondamentale, la realtà sostanziale".

"Entro la Mente Madre-Padre, i mortali sono al sicuro. Nell'universo nessuno è senza padre e senza madre".

Il Kybalion

Tavola IV

Essere Psichico

L'Anima

Lume I

La Spada di Hermes

20 Giugno 2015

"Nelle cellule del nostro corpo risiede un Potere nascosto che vede l'invisibile e premedita l'eternità..."

Sri Aurobindo

La scienza negli ultimi decenni ha scoperto e ammesso che anche gli atomi, a loro modo, provano emozioni. Gli ermetici dicono da sempre che tutto è Mente e che la Cosxienza pervade ogni cosa: tutto vibra, nulla è in quiete. Tutto è Cosxienza, densa o sottile che sia. Tutto è Lui. Tutto è Quello. Tutto è Te.

Esiste, oltre la mente che comunemente conosciamo, anche una mente oscura, una mente del corpo, delle cellule, delle molecole, dei corpuscoli. Basti chiedersi perché al di là della nostra attenzione il cuore batta, una ferita si chiuda e si respiri in modo "automatico": tutto accade meccanicamente? E invece no.

Esiste una mente del corpo, realmente tangibile per la sua profonda oscurità, il suo attaccamento ostinato e meccanico ai movimenti passati volti a preservare la vita, la ripetizione sistematica alla facilità nel dimenticare e rifiutare tutto ciò che è nuovo. Questo istinto oscuro è uno degli ostacoli principali all'infusione della Forza Sovramentale nel corpo ed alla trasformazione evolutiva del suo stesso funzionamento.

È proprio nella frontiera cellulare che si trova la chiave, il Codice, ovvero il passaggio oltre la morte che attira il vero pioniere dello Spirito.

Sarà proprio il Corpo, da sempre ignorato e relegato all'oblio dello Spirito, a gettare un ponte tra la Vita fisica quale noi la conosciamo oggi e la

vita Sovramentale, che si manifesterà con l'avvento della Vita Divina sulla terra grazie alla comparsa dell'Uomo N-Uovo.
Anche qui ad Altrove, quale Organismo, ci stiamo preparando ad un salto sperimentale che spinge ben oltre ciò che era conosciuto e prevedibile. Che poi, cosa può mai essere *prevedibile*? Cosa può determinare dove un pioniere è proiettato, quale può essere la difficoltà che non ci sprona ancora più e meglio ad essere superata?
Se ogni limite, ogni profondità, ogni difficoltà contiene *in nuce* il suo complementare opposto, è naturale intuire che in questo nuovo ciclo di esperienza saremo chiamati verso paradossali assoluti, di certo poco pensabili, concettualizzabili e ancor meno misurabili. L'Essere non scrive né misura niente, si Autodetermina per evolvere, Autoricreandosi sperimenta se stesso incessantemente per perfezionarsi, e questa azione arriva sempre a toccare il Corpo.

Se si aspira alla Vita Divina non ci si può preoccupare del tempo che occorre per ottenere questi o quei risultati, serve semplicemente chiedersi se lo strumento che usiamo sia utile e se stiamo avanzando sul cammino della Luce, della Verità, della Bontà e della Bellezza, percorrendo una Via sostenuta dall'Amore per l'Essenza.
Nell'attimo in cui si è acquisita la certezza di percorrere questa Via, il tempo e lo spazio non hanno più importanza e non si pone più alcuna condizione. Bisogna solo continuare a Fare. Procedere, ire, andare, proseguire, camminare, correre, muovere: è solo l'ATTO che determina l'esperienza e fa sì che una Reale trasformazione avvenga su tutto l'insieme che siamo, su ogni livello dell'ESSERE, e proprio nella cellula ciò che diveniamo viene acquisito come memoria e può essere tramandato ai "posteri". La nostra evoluzione individuale ed integrale equivale a Spiritualizzare la materia.
Ma dove stiamo andando qui ad Altrove? Tantissimi segni indicano che ciascuno di noi si trova di fronte ad un bivio: cogliere l'opportunità portata dai venti di rinnovamento che soffiano gonfiando le vele del Centro,

oppure resistere al cambiamento e continuare a fare "altro". La mente fisica è meccanica, conservatrice e tradizionalista e oggi informa incoscientemente il sistema in cui vivi, in cui è immersa la tua famiglia e in cui si sviluppa il mondo così come lo percepisci e lo vedi. Tutto ciò che vivi parte da qui, ha le sue radici istintuali proprio dentro ognuno di noi.

La Sfida

La nostra mente ordinaria, logica e razionale, per la sua natura duale, per l'attaccamento ai punti di vista e alle opinioni, non accetta cambiamenti e preferisce, nonostante le difficoltà evidenti, continuare a vivere basandosi sulle proprie (poche) certezze. Certezze basate sulla paura, sulle illusioni governate dall'ignoranza sistemica, in cui oggi intere stirpi di umani restano impantanati affogando nel loro stesso pantano. Tuttavia al lato opposto un'altra parte spinge al cambiamento, per approcciare la Vita da un punto di vista più vasto e differente, meno basato su ragionamenti e i giudizi, più improntato sulle acquisizioni, sulle ispirazioni e sulle Rivelazioni sviluppate giorno dopo giorno, ora dopo ora. La sfida tra queste due parti ha esito incerto e l'unico modo per uscirne indenni consiste nell'integrare la mente con lo Spirito e l'intelletto con le Intuizioni del Cuore. La conoscenza di come funzioniamo è la base di partenza poiché essa soddisfa la nostra parte razionale, affamata di *informazioni*. Per poter cambiare punto di vista rispetto alla Vita si necessita infatti di conoscere taluni meccanismi e ritenerli plausibili, poiché altrimenti il giudizio implacabile della mente, nostro aguzzino di fiducia, ci ripeterà in continuazione che la direzione intrapresa è errata, che c'è *TROPPO DA PERDERE,* che è meglio fare altro... Ma di quali *informazioni* sto parlando? Di quelle che forniscono un quadro chiaro ed esaustivo sulla Vita, sulla sua origine ed Evoluzione e sul ruolo che l'Essere Umano, l'Uomo N-UOVO, riveste oggi in questo Divino sistema. Queste utili informazioni sono sintetizzate negli schemi subcoscienti e incoscienti (ferite emozionali e istinti animali di sopravvivenza) che determinano di sicuro la parte strutturale del Lavoro che il novello allievo della Vita si "Inizia" a sperimentare. In una parola, stiamo parlando di una conoscenza di Verità: quella che ci permette di scoprire come funzioniamo e ci rende liberi di adottare un approccio alla Vita più ampio, circolare, d'insieme, intuitivo, onnicomprensivo, olistico ed amorevole. Quella Verità che esprime la REALTÀ che già siamo, che permette di vivere con entusiasmo questi transfiguranti tempi della *TERRA DI MEZZO*. Sperimentare la Verità interiore, intima e profonda, è l'unico modo che conduce a Risvegliare ciò che ci rende fatti ad immagine e somiglianza di Dio. Tutto ciò che non sperimentiamo su noi stessi si rivela vano sapere, è ignoranza travestita da conoscenza. Conoscerci equivale a poter scegliere, sì, scegliere se restare chi crediamo di credere di essere oppure evirarci e scinderci da questa illusione che spacciamo per Realtà.

Iniziamo ad esemplificare in una breve sintesi l'esperienza del Lavoro acquisito negli ultimi anni sul "campo", descrivendo in dettaglio i 5 schemi di dolore che informano la personalità di facciata. Questi schemi sono costituiti da un costrutto di memorie collettive che tanto impropriamente definiamo, per ignoranza, "*la mia vita*" e "*me stesso*".

Le 5 ferite dell'Anima

Nasciamo per dare la possibilità alla nostra Anima di perfezionarsi per Evolvere, per esprimerci al meglio e in Libertà, esprimendo e vivendo molteplici esperienze, le quali conducono tutte ad un unico Scopo: Evoluzione della Cosxienza. Fintantoché la Vita viene vissuta nella non accettazione di sé e di ciò che è, nel senso di colpa, nel giudizio, nella rabbia e nella paura (emozioni negative), l'essere umano continuerà ad attrarre circostanze e persone che gli faranno rivivere le stesse esperienze: attiriamo ciò che siamo (Legge di Affinità). È il cammino che la nostra Anima ha scelto per evolvere, per risolvere conflitti che si porta dietro da altre incarnazioni (Legge di Registrazione), e questa Vita rappresenta il modo migliore per porre fine a corsi e ricorsi (buchi energetici) e poter finalmente proseguire sulla sua strada libera da ostacoli, da pesi e avversi fati (Legge di Causa ed Effetto) che appesantiscono la Via. Rifiuto, abbandono, umiliazione, tradimento e ingiustizia sono i solchi che dobbiamo attraversare, le ferite da cui dobbiamo guarire, i programmi che impediscono e limitano il nostro Essere, e che condizionano e gettano un'ombra scura sulla nostra vita impedendoci di vedere il vero Scopo della nostra Esistenza.

Di certo, in una Visione meno ignorante si comprende che questi limiti e questi schemi sono lo strumento che sprona l'uomo ad andare oltre e che gli induce la spinta evolutiva. Questi programmi determinano molti aspetti del nostro carattere e della personalità di facciata perché, per sopravvivere a tali ferite, reagiamo indossando delle maschere che ci consentono, *ILLUSORIAMENTE*, di non rivivere quel dolore mai elaborato: una persona rifiutata userà la maschera del fuggitivo; una persona abbandonata quella del dipendente; se invece è l'umiliazione il sentimento che predomina, sarà portata ad essere masochista; con il tradimento diventa un controllore; se ha subito un'ingiustizia diventerà rigida. Indossiamo la maschera-schema solo quando vogliamo (o crediamo) di proteggerci. Ferite e maschere sono strettamente collegate e interconnesse. La ferita interiore può essere paragonata ad una ferita fisica presente da tempo che per cieca ignoranza si è trascurato di curare, e dunque non rimargina. Guardiamo brevemente allora queste ferite e le relative maschere.

Rifiuto

È una ferita profondissima, perché la persona che ne soffre si sente respinta in tutto il suo essere e, soprattutto, nel suo diritto ad esistere. Fra le 5 ferite è la prima che si manifesta e si presenta nella vita di un individuo molto precocemente, solitamente dal concepimento al primo anno di età. La ferita del rifiuto viene vissuta con il genitore dello stesso sesso, il cui ruolo è quello di nutrirci, proteggerci, insegnarci ad amare, ad amarci e a dare amore. Il fuggitivo si sente dunque respinto dalle persone del suo stesso sesso, le accusa di respingerlo ed è più in collera con loro che con se stesso, ma quando vive il rifiuto di una persona dell'altro sesso, è portato ad auto-rifiutarsi e rivolgere la sua rabbia contro se stesso. Questa maschera ci fa credere di non essere abbastanza importanti per prendere il nostro posto, di non aver diritto ad esistere come tutti gli altri. Nella sua massima estremizzazione ci induce a scomparire.

Abbandono

Abbandonare qualcuno significa lasciarlo, non volersene o potersene più occupare. Si tratta di una ferita posta sul piano dell'avere e del fare, più che sul piano dell'essere come avviene invece per il rifiuto. Si manifesta in genere tra il primo e il terzo anno di età ed è data dalla mancanza di nutrimento affettivo o del genere di nutrimento desiderato. È una ferita vissuta con il genitore del sesso opposto, il cui compito è quello di insegnarci a lasciarci amare e ricevere amore. Il dipendente si sente facilmente abbandonato da tutte le persone dell'altro sesso ed è indotto ad accusare loro piuttosto che se stesso, ma quando si sente abbandonato da una persona del suo stesso sesso si auto-accusa pensando di non aver fatto tutto ciò che era necessario o di non avergli dato la giusta attenzione. Abbandono e rifiuto possono essere confusi tra di loro. Questa maschera ci fa fare l'impossibile per non essere lasciati o per ottenere maggiore attenzione.

Umiliazione

Questa ferita è legata al mondo fisico, e si manifesta tra il primo e il terzo anno d'età, nel momento in cui si sviluppano le funzioni del corpo fisico. Si verifica quando il bambino avverte che uno dei genitori si vergogna di lui. È una ferita vissuta generalmente con la madre. Il masochista si sente facilmente indignato e umiliato dalle persone di sesso femminile ed è incline ad accusarle, ma si auto-accusa se vive un'umiliazione con qualcuno di sesso maschile e prova senso di colpa e vergogna per il proprio comportamento o per i propri pensieri. Non si sente all'altezza e fa di tutto per estremizzare la sua prestazione. Questa maschera ci fa caricare sulle spalle responsabilità ed impegni prima ancora che ce lo chiedano limitando sistematicamente la Libertà individuale.

Tradimento

Questa ferita si sviluppa tra i due e i quattro anni, quando si risveglia l'energia sessuale e viene vissuta con il genitore di sesso opposto, con cui ci sarà un grande legame d'amore e quindi un forte complesso di Edipo. Molti di quelli che soffrono di tradimento hanno sofferto perché il genitore di sesso opposto non "ha mantenuto la parola" in base alle aspettative che il bambino si era creato.
Il controllore si sente tradito facilmente dalle persone dell'altro sesso ed è incline ad accusarle per il proprio dolore o le proprie emozioni, ma se vive un tradimento da qualcuno del suo stesso sesso, se la prende con se stesso accusandosi di non aver saputo prevedere tale esperienza ed impedirla. È possibile anche che viva questo tradimento come un'ingiustizia. Questa maschera ci fa fare cose incredibili pur di evitare di perdere la reputazione, di essere ritenuto affidabile.

Ingiustizia

Si manifesta fra i tre e i cinque anni nella fase di sviluppo dell'individualità con il genitore dello stesso sesso, nel momento in cui prende coscienza di essere un essere umano distinto dagli altri, con le sue specifiche peculiarità. Il bambino trova ingiusto non potersi esprimere ed essere se stesso. Soffre per l'autoritarismo del genitore, le sue critiche frequenti, la sua severità, la sua intolleranza o il suo conformismo.
Il rigido soffre per la ferita da ingiustizia con le persone del suo stesso sesso e le accusa di essere ingiuste con lui, ma si autoaccusa se l'ingiustizia gli arriva da persone dell'altro sesso.
È possibile anche che tale ingiustizia venga vissuta come un tradimento e che sviluppi una rabbia feroce.
Questa maschera ci fa diventare grandi perfezionisti, molto esigenti ed intolleranti con noi stessi.

Esiste, in virtù della mia esperienza, una nuova ferita emozionale, un nuovo schema subcosciente che ho definito INVISIBILITÀ, che informa le nuove generazioni e che è sintesi di tutte le maschere precedenti. La maschera o lo schema corrispondente è l'assolutista.
Queste ferite sono contenute come memoria nel progetto-senso dell'essere umano.
Sono veri e propri "PROGRAMMI" bio-organici inseriti nelle nostre cellule e determinati da ciò che oggi, grazie alle nuove scoperte scientifiche sulla psicobiologia, chiamiamo *Epigenetica* (Cosxienza cellulare).
Queste tare si trasmettono come eredità irrisolta ancora presente nel sistema familiare, quale archivio psicogenealogico e transgenerazionale familiare e collettivo. In sintesi siamo il "prodotto", il succo, una centrifuga psichica, in bene e in male, delle esperienze dei nostri avi, e non solo, poiché ereditiamo anche i processi sociali, storici e culturali.

Programmi ed Aggiornamenti

Spesso si sente dire: "*sei identificato, hai un programma che ti fa rispondere automaticamente a determinate situazioni*".
Cosa significa? Perché io dovrei avere dei "programmi"? E nel caso li avessi, cosa sono? Cosa fanno e come funzionano? Qual è il loro compito? Chi li ha inseriti? Ma più che altro, se esistessero, come si fa a toglierli? Molte domande, poche risposte.
Oggi non sono molti gli individui che realmente sanno cosa sono questi "Programmi". Cerchiamo in modo semplice e accettabile di dare allora una risposta a tutte queste domande.

La nostra Essenza contiene al suo interno tutto il nostro programma di Vita. Già, ma come fa la nostra ESSENZA a ricordarsi tutto quello che noi abbiamo deciso di sperimentare quì sulla terra? Semplice. Ogni informazione che ci riguarda, sia come singoli che come insieme, è contenuta in un Campo Universale (registro Akashico), un registro simile ad un disco fisso di un computer universale, che viene codificata e letta in questo piano di Realtà tramite frequenze di impulsi "*elettromagnetici*". Qui contenuti ci sono tutti i PROGRAMMI e le relative esperienze già accadute, in via di accadimento e da accadere. In sintesi, in noi è presente tutto ciò che è stato, ciò che è e ciò che sarà. Nella nostra Anima "abbiamo" inserito (come dentro un navigatore per auto Universale) tutte le Vie possibili, tutte le infinite possibilità, tutte le fermate possibili, tutte le azioni possibili dalla nostra nascita alla nostra morte organica. Tutto è scritto qui, al nostro interno.
Questo processo in fisica quantica è definito "collasso della funzione d'onda". In povere parole tutti i PROGRAMMI, che siano "positivi" (i nostri talenti, i doni, le virtù, le tendenze e le inclinazioni da comprendere e ampliare) o che siano "negativi" (tutte le difficoltà, i limiti, i vizi, i difetti, le malattie e le impossibilità) tendono per propria natura a voler essere riconosciuti, perfezionati e integrati. In sintesi siamo costantemen-

te volti all'Evoluzione che comprendiamo davvero attraverso questi movimenti, fatti di tesi e antitesi, di opposti che si conciliano.
Tuttavia questa illusoria dualità tra bene e male, questi modi di percepirci insomma, non sono per niente "nostri", bensì in gran parte sono "TARE" ereditate dalla discendenza transgenerazionale, dall'ambiente e dalla società in cui nasciamo e di cui, quali anime, siamo chiamati a farci carico.
Come per tutte le cose, una volta assimilata questa Vera Conoscenza si arriva a comprendere questo meccanismo, e AUMENTANO così le nostre Possibilità, e soprattutto le nostre RESPONSABILITÀ.

Prima davi la colpa dei tuoi fallimenti, della tua mancanza di volontà, del tuo avvilimento e di tutto ciò che potesse non risultarti piacevole al governo, alla famiglia, al fratello o all'amico, al gatto e al tempo, alla città in cui vivi; da adesso, consapevole del tuo ruolo in questo mondo, non puoi più. Ora che sei consapevole puoi però, invece di lamentarti e giudicare, agire per superare i tuoi limiti e le difficoltà che la vita ti pone come struttura di crescita e di superamento. Da adesso la tua vita, il tuo progresso, i tuoi successi e la tua realizzazione sono semplicemente una tua Responsabilità: è tutto nelle tue mani. Tutto dipende da te. Tu solo puoi scegliere per te. Tu solo puoi fare qualcosa per te. TU ORA SAI CHE TUTTO È GIÀ DENTRO DI TE! Fuori esiste solo l'illusione della tua realtà riflessa dei tuoi schemi e delle tare ereditate da chissà quale avo. E allora, se cogli questa opportunità, ergiti e non essere più la risposta MECCANICA DEI TUOI PROGRAMMI. Sii rinnovato, induciti a SUPERARTI, sperimenta nuove e vive esperienze. Rifiuta l'illusione, svegliati! Risveglia l'Eroe che soggiace e dimora in te. Risveglia il Mito che da sempre contribuisci a scrivere, ogni santo giorno.
Tu sei un libro ancora da scrivere e, se solo vuoi, tu sei un Archetipo vivente.
Questa scienza da sempre è prerogativa di ogni essere umano che prova a risvegliare in sé la propria natura originaria.

A tal proposito i miti, che in modo superficiale studiamo a scuola, se ben compresi sono in grado di trasmetterci, proprio tramite i racconti, utili indizi per questa presa di Cosxienza.

Miti ed Eroi: Archetipi Eterni
Perseo, Uomo o Umanità?

La Mitologia è solo un occulto, ma dettagliato, contorno del quadro che rappresenta la nostra Vita, o forse la possiamo intendere proprio come lo sfondo del quadro d'AUTORE su cui poi viene a disegnarsi l'esistenza di ogni singolo individuo. Bisogna solo scegliere se darle semplicemente la funzione di cornice, oppure di elemento fondamentale che funge da guida verso il cammino di crescita dell'Uomo. È a questo proposito che guardiamo da vicino il mito di Perseo.

Chi era Perseo? Il Perseo del mito fu Uomo o Umanità, o solo un Eroe? E chi è l'Eroe? Forse sei TU?

Perseo è l'Archetipo del cammino che Uomo e Donna devono affrontare per guadagnarsi un posto nell'Universo, nel firmamento cosmico. Ma diamo uno sguardo al mito e guardiamo le origini di Perseo.

Figlio di Zeus che, trasformatosi in gocce d'oro, fecondò Danae, una mortale figlia del re Acriso. Questo concepimento simboleggia, con le goccie d'oro, la scintilla Divina che ognuno di noi possiede all'interno del proprio Tempio: quella fiammella che va RICONOSCIUTA, custodita e alimentata. Quindi, ancor prima di cominciare, il mito dà il suo primo insegnamento.

Si narra che Acriso avesse avuto dall'oracolo la notizia che avrebbe trovato la morte per mano di suo nipote. Per questo l'infante Perseo, insieme alla madre Danae, venne abbandonato in una cassa in mezzo al mare. L'acqua, veicolo di tutta la materia, è colei che porta *in nuce* la memoria di tutte le cose; Danae e Perseo vengono custoditi nel buio, all'interno della cassa. Danae è un elemento importante per Perseo, poiché rappre-

senta la Terra che lo ha generato, concepito e protetto.
Ritrovati da un pescatore furono condotti da Polidette, re dell'isola di Serifo, che li accolse e fece crescere Perseo forte e valoroso.
Col passare del tempo il re, invaghitosi di Danae, cercò in tutti i modi di costringerla a sposarlo, ma lei non lo ricambiò, avendo come unico pensiero suo figlio. A quel punto Polidette chiese a Perseo come prova di fedeltà di portargli la testa della Gorgone Medusa, nella speranza che morisse nell'impresa, sicuro che la madre avrebbe poi acconsentito a sposarlo. Perseo subisce qui il secondo distacco, quello dalla madre, dalla forza che lo ha cresciuto e protetto. Il primo distacco era avvenuto con l'allontanamento dalla sua Terra natale. È da questo secondo distacco che comincia il Vero cammino Spirituale dell'eroe, chiaro nel proseguio del mito, che in ogni riferimento rappresenta il cammino che fa l'Uomo all'interno del proprio Essere per ritrovare se stesso e divenire un Eroe.
Perseo non sarebbe mai riuscito nell'impresa, se Atena e Hermes non fossero accorsi in suo aiuto. Chi sono realmente queste due deità?
Esse sono la Sapienza e l'Astuzia, quest'ultima intesa anche come Discernimento. Atena dona a Perseo uno scudo lucente e ben levigato, simile ad uno specchio che è in questo caso simbolo dell'Universo; infatti il guerriero che lo porta oppone il proprio Cosmo (l'esperienza della sua VITA) al suo avversario. La Sapienza dona quindi l'Universo, cioè tutto quello che un uomo ha conquistato con la Vera Conoscenza, con l'apprendimento e l'Esperienza. Lo scudo in questo caso diventa sia un mezzo di difesa che di attacco; dall'etimologia latina scudo è *scindo* che vuol dire anche "tagliare, fendere".
Hermes dona invece una spada. Se è la Sapienza che ci fa imbracciare lo scudo, allora l'Astuzia e l'Intelligenza (il Discernernimento) ci fanno brandire la spada. Così come lo scudo ha l'ambivalenza di difesa e di attacco, anche la spada ha in sé un potere costruttivo: se a doppia lama, rappresenta il doppio potere, il dualismo, la sessualità, ed è attraverso questo che il Verbo fa sì che si generi qualcosa; infatti il simbolo fallico che può assumere la spada è Creatore ed è proprio Hermes a fare questo dono.

La spada ci rimanda anche al simbolo della Croce, che rappresenta i quattro elementi: essa può dominarli. La spada innalzata verso il cielo genera fulmini e funge da antenna; la spada piantata in terra dà origine a fonti d'acqua.
Perseo dovrebbe ora farsi donare dalle ninfe i calzari alati, l'elmo di Ade, che rendeva invisibile, e una sacca magica, nella quale riporre la testa di Medusa. Le ali sono il simbolo della leggerezza spirituale, del distacco dalla Terra verso il Cielo; Hermes, l'Intelligenza, non aveva forse le ali per volare veloce come il "Pensiero"? L'uomo deve sviluppare il Puro Pensiero per portare e congiungere la propria Terra verso il proprio Cielo.
Le uniche a conoscere la dimora delle Ninfe sono le tre Graie, sorelle delle Gorgoni, che, nate vecchie, non hanno mai conosciuto la giovinezza. Esse hanno un solo occhio e un solo dente, che si scambiano per poter vedere e mangiare... Come può un vecchio trovarsi in uno stato di decadenza così grave? È qui che bisogna soffermarsi sulla differenza tra il Vecchio e l'Anziano. L'Anziano è colui che ha conquistato la saggezza e non lascia che il tempo intacchi la sua Spiritualità. Chi invece è privo di Spirito, chi non ha affrontato se stesso, viene corroso dagli eventi e ne diventa vittima, fino al momento in cui è costretto a condividere un solo "occhio" e un solo "dente" con altri suoi simili.
Perseo sfrutta la debolezza delle Graie, ruba loro l'occhio, e lo restituisce in cambio dell'ubicazione della dimora delle Ninfe.
Ora l'Eroe ha tutti gli strumenti a sua disposizione.
Volando verso la Terra di Medusa, appena all'entrata della grotta ove dimora la gorgone, trova uomini e animali pietrificati. Perseo si incammina all'indietro usando lo scudo come specchio. Questo passaggio rappresenta l'Uomo che, ora munito della Sapienza e del Discernimento, cammina a ritroso nella sua terra "dannata" per affrontare i propri Mostri. Mostro vuol dire "sconosciuto", che è quello che ci spaventa di più: l'ignoto.
L'ignoto pietrifica, e nel vuoto e nel nulla ci rende schiavi del potere della Gorgone. Ma se affrontato appunto con la Sapienza (lo scudo-specchio)

e la Giustizia (la spada-discernimento), ci porta alla scoperta e alla realizzazione di mirabili imprese.
Perseo guarda la gorgone tramite lo scudo-specchio e, appena le è vicino, le tende un preciso fendente che le taglia di netto la testa. Ora che l'ignoto è stato affrontato e ucciso, possiamo iniziare a Creare la nostra realizzazione unica e individuale.

Perseo taglia la testa di Medusa e la ripone nel sacco magico e dal sangue che ne sgorga sulla terra nasce Pegaso: il cavallo alato, creatura divina, di candido colore bianco puro, nato dalla nera terra attraverso il rosso sangue. Questa è alkimia (terra nera, cavallo bianco e sangue rosso). È proprio attraverso questa nuova creatura che possiamo volare verso Nuove Terre, dopo aver affrontato e subliminato il mostro del passato e le paure a cui siamo incatenati. Fu così che Perseo volò sopra il deserto, e le gocce del sangue di Medusa che toccarono la sabbia dettero origine a serpenti velenosi. Questi serpenti sono il simbolo delle insidie a cui l'Uomo fa riferimento durante il suo cammino spirituale. Perseo ci ha lasciato un'eredità. Ma il viaggio non finisce qui, bensì questo è il momento più importante di tutto il mito.
Perseo, volando sulle terre degli Etiopi, intravede una bellissima fanciulla nuda incatenata ad uno scoglio; la fanciulla era Andromeda. Ella sconta una colpa commessa dalla madre Cassiopea, la quale si dichiarò più bella delle Nereidi (ninfe del mare). Queste, gelose, chiesero vendetta a Poseidone che inviò in quelle terre, dalle oscure profondità del mare, un mostro devastatore: il Kracken. Per placare l'ira della creatura marina, Cassiopea avrebbe dovuto offrirle sua figlia Andromeda. Perseo si offre di cambiare il destino della fanciulla, chiedendola in sposa una volta abbattuto il mostro.
Il re accetta l'offerta e Perseo, in groppa a Pegaso, intraprende l'ardua lotta; fino a che, aperta la sacca contenente la testa di Medusa, il mostro si specchia negli occhi della gorgone e si pietrifica; mentre Perseo libera Andromeda, le Ninfe del mare rubano un po' del sangue della testa di

Medusa, che a contatto con il mare si trasforma in maestosi coralli.
Qui il mito racconta della nostra essenzialità. È l'Uomo che libera la propria Anima (Andromeda) dallo stato materiale (lo scoglio); l'Uomo-Eroe vola sulle acque, cioè sul veicolo della sua Anima, e affronta il Mostro che la potrebbe divorare. La testa di Medusa è uno "strumento di potere" che Egli è riuscito a dominare e che perciò può utilizzare nei momenti di bisogno; è uno stato di Cosxienza che abbiamo raggiunto. Il Mostro può essere sconfitto e la propria Anima viene finalmente innalzata e fatta volare nei Cieli dell'aldilà, creando splendidi coralli a contatto con le acque! Perseo per la Grazia ricevuta innalza tre altari: uno a Zeus, uno ad Atena e uno a Hermes: questi sono i nostri tre Fuochi interiori, sono le pietre focaie, le nostre batterie interiori.
Zeus è il Principio creatore, il Fuoco dell'Eros; Atena è la Sapienza, Fuoco di Philos; Hermes è la scintilla Divina, l'Intelligenza del Cuore, Fuoco di Aghape. Insieme, questi tre altari hanno elevato l'Anima di Perseo, cioè, l'Anima dell'Uomo. C'è sempre qualcuno che reclama il diritto della propria Anima, anche se fino a poco tempo prima l'aveva abbandonata in balìa degli eventi.
Fineo (la nostra natura inferiore), fratello del re, reclama però la mano di Andromeda, essendo suo promesso sposo, anche se ne ha perso il diritto lasciando che la stessa andasse in sacrificio al mostro. Perseo affronta allora una nuova e cruenta lotta, da solo, contro tutti gli alleati di Fineo. Tirando fuori la testa di Medusa (il suo nuovo Stato di Cosxienza) pietrifica tutti. In realtà Fineo rappresenta una parte di Perseo, cioè dell'Uomo che, dimenticatosi della propria Anima, la reclama volendola riportare allo scoglio a cui era legata. Dobbiamo lottare con quella parte di noi, l'Ego, che ci induce sempre ad uno stato di sonno meccanico e abitudinario e ci tiene incatenati allo scoglio, la realtà ordinaria di superficie. Quando Perseo e Andromeda, ormai sposati, decidono di tornare a Serifo dalla madre Danae, scoprono però che questa è stata condannata a morte dal re Polidette, per non aver ricambiato il suo Amore. Perseo ancora una volta deve salvare una parte di se stesso: la sua Forza Femmi-

nile, quella con cui è cresciuto, quella che l'ha reso forte. Così, attraverso il suo potere, riesce a pietrificare anche Polidette (sempre una manifestazione dell'Ego).

Ora che Polidette è morto, madre e figlio possono finalmente fare ritorno alla loro terra natale, circondata dalle acque, per riconciliarsi con re Acriso. Perseo, riconsegnati i calzari e l'elmo alle Ninfe e la spada ad Hermes e dopo aver donato la testa di Medusa ad Atena, che la pone come trofeo in mezzo al petto, con la madre e Andromeda salpa alla volta di Argo mentre il magico Pegaso vola via verso l'Olimpo.

Quindi l'Uomo può riconsegnare tutti i mezzi avuti in dono con cui ha compiuto l'impresa, oramai interiorizzati, e ritornare al suo punto di origine. Perseo, famoso in tutte le terre conosciute, è invitato a partecipare in Tessaglia, a Larissa, a delle gare sportive e mentre lancia il disco, la potenza impressa allo stesso fa sì che questo vada oltre gli spalti, a colpire uno sfortunato spettatore che altri non è che re Acriso mischiatosi tra la folla. Il Vecchio soccombe, affinché l'Anziano trasmetta la sua Esperienza ai posteri.

Negli anni che seguono Perseo regna in pace e con saggezza fino alla fine dei suoi giorni, fondando tra l'altro il regno di Micene, così chiamato dopo che un giorno egli si dissetò presso un ruscello sgorgato miracolosamente da un fungo (*mycos* in greco significa proprio "fungo"). Alla sua morte, la dea Atena, per onorare la sua gloria, lo trasforma in una costellazione, e gli pone affianco l'amata Andromeda e la madre Cassiopea, la cui vanità aveva fatto sì che i due giovani si incontrassero. Ancor oggi, alzando lo sguardo verso il cielo, possiamo ammirare tre costellazioni a ricordo della loro Vita e soprattutto del grande Amore dei due giovani. Quest'ultimo punto del mito, che sembra meno impegnativo, in realtà vuole dimostrare come l'Uomo, una volta raggiunta la meta che gli darà il nome di Iniziato, non smette di ricercare e di "regnare" appunto sulla propria Terra, ma continua il suo cammino seguendo i Princìpi che lo hanno formato e che lo porteranno fino e oltre le Stelle.

E allora, la Mitologia è cornice o sfondo? La risposta, come ci insegna l'esperienza, è soggettiva. Ed è proprio questo il bello delle antiche tradizioni e dei grandi Iniziati: creare Opere che siano leggibili per chiunque e dove ognuno, a suo piacimento, possa trovare i propri significati che fungeranno da Guida per la propria vita. Poiché è un fatto Reale che tutto scorre senza sosta, tutto induce a seguire una Luce che lascia una scia per essere seguita.

Qui ad Altrove, possiamo dire di essere dentro il mito e oltre l'umana filosofia, per cui la Vita prende un sapore antico, solenne, Autentico. Qui al Giardino dei Buoni Frutti ogni pietanza ha uno speciale ingrediente che tutto vivifica: l'AMORE. Siamo solo Uomini? Non solo, possiamo da oggi emulare Perseo comportandoci da Eroi, Aspirando dal profondo del Cuore ad essere Dei.

Lux Radix

Lume II

Voi siete Dei

27 Giugno 2015

In questi giorni, si percepisce una sorta di confusione. Questo aspetto determina che le molte possibilità e le opportunità a disposizione del gruppo siano come confuse, limitate. Noi Siamo un gruppo, un insieme, e se chiedo al Cuore di questo organismo quale sia la priorità comune, la risposta è sempre la stessa: *Comunione ed Evoluzione.*
In questo "contatto interiore di insieme" si elencano spesso le difficoltà nel dare un Vero consenso al Lavoro di gruppo (ma cos'è realmente un consenso?) e della paura di non essere all'altezza del compito che ci si è assunti.

Ma come si fa ad essere all'altezza di qualcosa se non la si conosce davvero?
Si parla spesso della paura di perdere la libertà e dell'insicurezza di poter scegliere in modo vero e autentico cosa è giusto e cosa non lo è in un percorso come il nostro. Molti di questi quesiti sono determinati dall'io ordinario che vuole sapere e che, quando esperiti in altalenanti e confusi movimenti, in ogni singolo "io" a cui siamo assoggettati e abitudinariamente asserviti. In questo "dialogo interiore" emerge ogni sorta di scetticismo. Ogni sorta di dubbio si può celare dietro la difficoltà di dovere rinunciare ai bisogni abitudinari, alla mancanza di spazio personale, di vita sociale e familiare, di svago, e così via.
In questa altalena di concettualizzazioni si è scissi in un duplice movimento che determina una solida illusione. Questa dualità che origina dall'ignoranza ci tiene in stretto contatto con la negazione di noi stessi e mina quell'armonia che è presente solo nella riconciliazione degli opposti, dimora reale di tutte le cose.

È NELL'OPPOSTO E NELLA NEGAZIONE CHE TROVI LA REALTÀ DELLE COSE. È QUI, NELLA DUALITÀ DEL MONDO, CHE NEL FARE LA TUA PERSONALE ESPERIENZA PUOI COMPRENDERE COSA PUOI ACQUISIRE E COSA PUOI PERDERE.

In questo spazio, in questo stato di Cosxienza, ci è rivelato che in ogni limite che esperiamo già vi è contenuto un Vero e Reale SUPERAMENTO. Sicché in ogni paura espressa, in ogni possibile limite, si nasconde la nostra parte EROICA, SOPITA E INDOMITA. In questo spazio profondo e immobile, oltre ogni insicurezza, incertezza e impotenza, vi è celato il nostro personale POTERE che per negazione resta ancora inespresso. I veri scienziati devono guardare le negazioni da una visuale "differente", poiché all'occhio attento divengono materia di indagine, di studio e di Evoluzione. Quanto piombo abbiamo nelle dispense di Altrove che Aspira ad essere ORO PURO, e ancora, quanto veleno è presente in ogni nostra cellula che Aspira a divenire FARMACO e CURA.
Quest'Alkimia, questa acquisita COSXIENZA è e deve ESSERE la nostra FORZA REALE, TANGIBILE e CONGIUNTA, altro che limiti e impossibilità. Ridesta il TUO ESSERE dunque e cogli questa opportunità. Ecco che allora questo nostro comune fare diviene il SALE CHE FECONDA OGNI LUOGO, OGNI SOSTANZA, OGNI TERRA E OGNI CIELO PRESENTI IN NOI.
Questa presa di Cosxienza è l'unico strumento che ci fa avere accesso alla nostra MAGIA di GRUPPO trascendendo in modo netto la dualità che ancora volteggia nelle nostre menti e nei nostri cuori. Una divisione meccanica e abitudinaria tra cosa è positivo e cosa è negativo che genera scissione, frammentazione. Un vestito di incertezza cronica per il famoso "domani" che crea angoscia, determinando la costante paura di perdere ciò che in realtà non si possiede. Cos'è il domani se non ciò che stai creando tu adesso con i tuoi pensieri?
E cosa puoi perdere che ancora non hai? La MAGIA sta proprio nel comprendere che niente è bene o male e che è solo la tua personale suggestio-

ne, la tua elaborazione della realtà, a decretare sia il buono che il cattivo. Mettiti al centro, trova il tuo CENTRO, e comprenderai che da questa posizione nel bene scorgerai il male corrispondente e viceversa: questa è la tua sola e unica Maestria, questa è la vera Magia. La Maestria di ogni Mago è insita proprio nel rendere sottile ciò che è denso e far apparire manifesto ciò che è invisibile. Il Mago sa che l'Amore è l'unica Forza che tutto informa e trasforma. Il Mago sa che la negazione, il male, la dualità sono solo prerogative dell'uomo ordinario, del baggiano dimentico di sé, di colui che si affida alla percezione dei sensi restando in uno stato di letargo dove "dorme" un sonno verticale della Cosxienza.
AGGANCIA questo modo di elaborare la tua Realtà e come d'incanto capirai che in te si accavallano pensieri, immagini, emozioni, scorie non tue, e allora comprendi che tutto è SEMPLICE, che tutto è in tuo Potere, che tutto già è in TE.

Qui non si mette in discussione l'Aspirazione che ci conduce su questa Via, poiché nel profondo dei nostri animi soggiace un'ignea Forza che ci unisce in questo cammino e contraddistingue ognuno di noi. Tuttavia è utile conoscere anche il Giuoco che la Vita propone ai suoi figli e le Forze avverse che mette in gioco per temprarci e farci superare. Poiché tutto è LEI, tutto proviene e ritorna alla Madre Divina.
Comprendere che tutto ciò che viviamo è opera di una Cosxienza Universale che contiene tutti i limiti, tutte le difficoltà, tutte le impossibilità, tutte le avversità che sperimentiamo quando ci mettiamo in cammino per progredire, è di sicuro un grosso vantaggio.
Che giuoco sarebbe se non fosse così? Si potrebbe dire che, nell'atto di progredire, è proprio la Madre che nella sua Grazia Divina ci mette davanti ai nostri irrisolti, ai nostri insoluti, dando a tutti, nessuno escluso, la possibilità di risolverli per perfezionarli.
E allora, se mi affido alla Madre dando il mio consenso e consacrando la mia esistenza allo Scopo Divino, cosa o chi posso più temere? Quale ostacolo può limitare il mio cammino?

Sono pervaso in ogni istante da un'INCROLLABILE GRAZIA, che è FEDE!

La Ruota

Hai presente la ruota di un treno in corsa? Bene. Immagina questa ruota che, scivolando ad alta velocità sulle rotaie appare come un vortice velocissimo che, non avendo più una FORMA definita, ad occhio nudo risulta indistinguibile. Qualsiasi impurità, fanghiglia e detrito con cui la ruota verrà in contatto entrerà, per l'altissima velocità, fatto schizzare via. Lo stesso vale per te quando sei in uno stato di Cosxienza Superiore: la tua vibrazione è altissima e dunque il contatto con energie pesanti e dense risulta essere inconsistente, quasi nullo. Le nefandezze e le oscillazioni sono meno vischiose e frequenti; la Forza corrispondente che si esprime sul piano raggiunto permette di mantenere un centro assai stabile.
Ora immagina il treno che inizia ad entrare in un centro abitato e si prepara ad arrivare in stazione. Il treno rallenta vistosamente e la ruota a questo punto sarà sempre più lenta, visibile e distinta. Man mano che il treno scende di velocità inizierai a distinguere non solo la ruota, ma anche gli ingranaggi e tutti i meccanismi a cui la ruota è agganciata, ritornando a vederne il corpo, la FORMA. In questa fase di lenta andatura ogni impurità, fanghiglia o detrito si attaccherà facilmente alle ruote, vista la velocità ridotta del treno.
Prova ora a paragonare la quotidianità della tua vita alla ruota del treno che rallenta e sarà più semplice comprendere perché di norma molte nefandezze si avvinghiano e avviluppano la tua natura di superficie, lenta e grave, generando densità, instabilità, mancanza di centratura e immersioni inconsapevoli.
La nostra attuale esperienza è vissuta nell'inerzialità della materia, da cui la "velocità" di connessione con i mondi superiori risulta spesso compromessa. Grazie ad un concreto Lavoro su di sé acquisiamo però un valido strumento che ci permette di "velocizzare" i nostri pensieri, i sentimenti e

le emozioni, e di viaggiare oltre il pantano della natura di superficie. Grazie a questo nuovo strumento, una vera conoscenza di sé, puoi scorgere la natura di questi rallentamenti, di questi attacchi autosabotanti che limitano la tua essenzialità, la tua unicità. Con l'allargamento del tuo Essere sarai sempre meno esposto a queste "scorrerie" e in uno stato costante di Autosservazione scorgerai la provenienza di queste vibrazioni sottili, rifiutandone la natura inferiore e l'eventuale manifestazione. Alcuni di noi sono già in grado di rifiutare questi movimenti autolimitanti, altri a breve lo saranno, come sempre ognuno ha i propri tempi e i propri strumenti. Tuttavia queste oscillazioni, spesso ultraceleri e violente, sono sempre volte a degli aggiustamenti necessari per gli "esami" che la Vita ci pone e per il riassetto di un rinnovato equilibrio interiore.
Dopo ogni intenso Lavoro, ove grandi profondità dell'umana natura vengono scandagliate, la pausa ha sempre la funzione di rielaborare l'Esperienza, mostrare dove si è arrivati e cosa ancora resta da vedere e operare. Non bisogna mai guardare i processi di aggiustamento come un fattore negativo del Lavoro, ma come una sintesi per vedere in profondità dov'ero, cosa mi mostra la Vita e dove sono Adesso.
Nel rallentare i ritmi, le oscillazioni sono sempre repentine, tuttavia se attenti questi fermi ci mostrano cosa abbiamo trasceso e come operare sospinti da un rinnovato e comune Senso di Qualità. Un Senso che induce e conduce verso la Libertà interiore, che è alla base di ogni possibile sviluppo di un REALE Lavoro su di sé.
Ogni scelta che puoi fare per il tuo divenire non è mai vincolante. Chiedere il consenso a te stesso per sviluppare questo percorso è una realtà che avviene solo dentro di te.
Il Ruolo che dovresti creare e che sei chiamato a scegliere ha come unico fine la RESPONSABILITÀ verso te stesso e verso coloro che, nel bene e nel male, ti permettono di essere parte di un laboratorio alchemico vivente, nel quale sviluppi il tuo personale percorso.

RICORDA SEMPRE: senza la Libertà interiore, qualsiasi Verità ampia o

ristretta che sia risulterà vana illusione, un'ipocrisia vestita da conoscenza. Senza Libertà interiore, nessuna scelta, se non proviene dalle profondità del tuo Essere Vero, può mai definirsi tale. L'Unione, la Comunione, il Sostegno, il Dono Autentico, l'Aspirazione, la Buona Volontà e l'annullamento dell'aspettativa donano un mirabile vantaggio nel procedere su questo cammino, sul tuo cammino, che conduce solo verso la Libertà di Essere, la tua Libertà interiore, la tua sola e unica Verità di sempre. Vuoi essere libero? Bene, la tua LIBERTÀ è una tua RESPONSABILITÀ, sempre. Alcuni di voi mi hanno scritto che si sentono degli Eroi. Tutti noi siamo degli eroi. Noi, uomini e donne, solo col vero FARE, mettendoci alla costante prova che la Vita ci offre, ci rivolgiamo spontaneamente, come bambini pionieri, verso l'improbabile e l'impossibile.
Chi se non un vero e irriducibile Eroe sceglie la Via del Fuoco che edifica in se stesso Opere senza tempo, chi se non un Eroe è capace di modellare e plasmare al suo volere la propria realtà esteriore?
Posso condurre il "cavallo" verso la fonte ma non posso obbligarlo a bere.
Questo è quanto.
Ho detto

Lux Radix

Lume III

Anomalie Sistemiche: Alkimia Superior

29 Novembre 2015

"«Entrate per la porta stretta», diceva Gesù. Capirete meglio queste parole se vi presento un'altra immagine, quella del serpente che cambia pelle. Il serpente sente che sotto la sua vecchia pelle se ne è formata una nuova, e cerca allora una fessura o un piccolo buco tra le rocce, e ci si infila. È difficile: deve fare degli sforzi per passare attraverso quella "porta stretta". Ma all'uscita di quel passaggio, il serpente si è sbarazzato della sua vecchia pelle. Allo stesso modo, un giorno ciascuno di noi deve passare per "la porta stretta" al fine di perdere la sua vecchia pelle, cioè le sue vecchie idee, le sue vecchie abitudini, i suoi vecchi ragionamenti. Sappiate dunque che anche per voi arriverà quel momento. Questo passaggio per la porta stretta è sicuramente una prova dolorosa, ma non siate turbati, non abbiate paura, siate contenti di perdere la vostra vecchia pelle per diventare un essere nuovo, con una comprensione più ampia, un cuore più generoso e un comportamento che porterà agli altri soltanto benedizioni" .

Omraam Mikhaël Aïvanhov

"Il segreto del cambiamento è nel focalizzare tutta la tua energia nel costruire il nuovo, non nel combattere il vecchio" .

Socrate

Transfigurazioni Cosxienti: la Via Stretta

Eccoci ancora qua...
In questa settimana di Luna piena ci siamo sentiti più pragmatici del solito e la realtà del gruppo ci ha mostrato cosa sia un mondo basato sulla reciproca appartenenza ad uno Scopo, e come sia arduo avere totale fiducia nell'altro.
Questo processo evidenzia molto in profondità cosa siano realmente lo scetticismo e la sfiducia e perché risultino essere sempre prerogativa dell'io ordinario di superficie (personalità e carattere), quell'irriducibile me stesso diviso e immaginario.
Siamo impegnati in un Cammino verso l'Evoluzione, volti ad un Reale cambiamento, al RISVEGLIO, e qui ad Altrove sappiamo bene quanto ciò, a volte, possa essere difficoltoso.

Operare un cambiamento significa affrontare non solo le resistenze del mondo fuori di noi, ma principalmente quelle che sono annidiate dentro noi stessi. Vecchie dinamiche, vecchi schemi, vecchi dolori, vecchie paure, vecchi "io" e vecchi fantasmi che sfilano in una frustrante tragicommedia che ripete sempre lo stesso atto e che ci assorbe in un costante combattimento, al fine di tenere a bada, gestire e sconfiggere qualcosa che non può essere né combattuto e nemmeno gestito: ne usciamo spesso sfiniti e pesti.

Ogni processo che si manifesta in noi va accolto, riconosciuto, accettato e trasformato, va visto come un DONO, e finché non si ha accesso alla totale comprensione di questo Alkemico processo di trasformazione, l'unico realmente possibile, non si accede alla Resa costituente che è base della successiva consacrazione al Reale. L'ottusità, l'illusione, la confusione e il sottile scetticismo, sono gli strumenti che la macchina biologica, per paura di morire, usa per RESISTERE al cambiamento e per sperimentare una realtà elaborata dai sensi (il 5% della totalità). Una Realtà "culturale" accettata per conformazione, che resta per questo limitata, monca, in genere costellata dalla paura della nullificazione e dalla costante ricerca di un qualcosa (bisogni e mancanze) che al fine non colma mai quel Reale e profondo BISOGNO D'ESSERE. Ma allora perché è così arduo un processo di spersonalizzazione? Non è più semplice smettere di resistere e cominciare a riesistere? E se si iniziasse a guardare l'altro prima di noi stessi? E se si smettesse di investire energie in questo conosciuto processo di negazione, per dedicarci solo alla costruzione del nuovo? Il pensiero iniziale di Socrate contiene una grande Verità: focalizzando le nostre congiunte energie, non solo accediamo ad un rinnovato Potere rendendo più forte il nuovo, ma inevitabilmente per effetto collaterale depotenziamo il vecchio. Spesso però ci imbattiamo nella testa che vuole capire, e allora ecco il dubbio, l'incertezza, la sfiducia, la paura, la rabbia che cercano una Verità che possa confermare se ciò che facciamo sia utile o meno, giusto o sbagliato, vero o falso.

La Verità non può essere elaborata o concettualizzata dalla mente ma la si ascolta solo dal Cuore, ed è sempre in MOVIMENTO. La Verità è talmente complicata e mutevole da essere impossibile da determinare.

Perché mai cercare di capire la natura della Realtà, quando è più interessante e più produttivo arrendersi al proprio Potere e arrogarsi il diritto di crearla? Questa sì che diviene un'arroganza costruttiva. COLUI che ha compreso che la Vera Alkimia è pura creazione di un'Opera Immortale, un'Arte Regale trasmutativa che riflette l'Opera della Madre stessa, ha accesso alla pura Magia. Costui è Sovrano e Mago del suo regno.

Arte Regale: Arrendersi a ciò che È

"Noi ci eleviamo inginocchiandoci, Conquistiamo arrendendoci, Guadagniamo rinunziando".

Il Maestro a Ercole, nel mito dell'Idra

Per mezzo dell'Autosservazione, della Buona Volontà e di una costante Aspirazione si prende atto del proprio stato di addormentamento; per molti il solo accettarlo è un vero e proprio shock: se tutto ciò che sono è un costrutto di memorie e pensieri non miei, ma allora io chi sono? Passata questa fase di transito comune a tutti, se ci si arrende a questa innegabile Realtà, nell'atto di mantenere alto l'intimo proposito che ci volge al Risveglio, si guadagna energia utile per il Lavoro. Questa energia risparmiata sviluppa innanzitutto "buona volontà" – Thelema – e si acquisisce la capacità di essere presenti in corrispondenza di determinati eventi, costruendo alkemicamente una rinnovata struttura psichica.

Le Emozioni Negative

La parte più consistente e più difficoltosa del Lavoro è volta proprio alla spersonalizzazione della Cosxienza ordinaria (io di superficie, la personalità) e va compiuta sull'immaginazione negativa (illusione, isolamento, risposta, scetticismo, confusione mentale) e sulle emozioni negative (dipendenza, aridità, rigidità, compulsione, orgoglio e impotenza, sfiducia e paura).
Sia ben chiaro che lo stato di Risveglio è uno Stato di "Cosxienza Superiore", un'apertura del Cuore, non mentale.
La costruzione dei corpi interiori e la conseguente apertura del Cuore sono fatti che concernono emozioni Superiori, cioè la capacità dell'uomo di guardare il mondo attraverso emozioni Superiori anziché attraverso i filtri delle emozioni negative e della paura, e quindi di cogliere il Vero e il Bello che soggiaciono in tutte le cose.
Lo stato di spersonalizzazione a cui lavoriamo ad Altrove si ripropone di utilizzare come strumento emozioni Superiori; questo processo in Alkimia si sviluppa in due vie o due sentieri: Alchimia inferior e Alchimia superior. Sul sentiero dell'Alchimia inferior si lavora alla trasmutazione delle emozioni negative (quelle per intenderci che procurano irretimenti,

schemi e sofferenza) in emozioni Superiori (quelle che procurano Gioia e Libertà d'Essere). Sul sentiero dell'Alchimia superior, detta anche *Ars brevis*, si lavora con la sperimentazione diretta della Gioia dell'Anima senza dover prima passare attraverso la trasformazione della sofferenza, ma utilizzando come mezzi evolutivi l'intensa Aspirazione al "Servizio per l'umanità" e l'attività artistica come strumento di espressione d'Amore. Questo secondo processo non è accessibile a molti. Quello Ermetico alkemico, essendo un diretto riflesso della Vita e della Natura di tutte le cose, è il mezzo più rapido messo a disposizione dell'essere umano per conseguire la realizzazione interiore e approdare al Risveglio oggettivo e alla Reale Libertà dalla schiavitù della macchina psicofisica. Per identificarsi in questo viaggio della Cosxienza occorre dunque una dose di Buona Volontà costante e l'"apertura" e la "sana abitudine" a lasciarsi sopraffare dall'Amore. L'Ars Regia, l'Arte Regale, si fonda proprio su queste Virtù Superiori o qualità interiori: Retto pensiero o pensiero sferico (Saggezza), Buona Volontà (Thelema) e Amore Misericordioso (Aghape).

L'*ALCHIMIA SUPERIOR* si alimenta grazie al NUTRIMENTO che ci viene dalle cose belle che già adesso siamo in grado di vedere intorno a noi e che ci provocano emozioni Superiori.
L'accettazione di sé e l'accettare ciò che è (che sono poi la stessa cosa) sono due cardini di questo processo. Non dobbiamo farci sfuggire nessuna occasione per cogliere più Bellezza che possiamo e per emozionarci di fronte a questa Bellezza che può spaziare dalle manifestazioni artistiche alla natura, dalle relazioni con gli altri agli eventi quotidiani che possono commuoverci. Dobbiamo educarci al Bello, ponendo l'attenzione sul Bello che gli altri umani portano dentro e manifestano. La percezione del Bello in una cosa o in una situazione provoca emozioni Superiori: Amore, Misericordia, Austerità, Ammirazione, Compassione, Libertà, Tenerezza, Spontaneità, Semplicità, Sincerità. Coltivare queste Virtù Superiori che sperimentiamo tramite le emozioni Superiori è il metodo più rapido e sicuro per costruire il Corpo dell'Anima. Uno sviluppo costante che si

relaziona non più con la personalità e il carattere dell'altro, ma che entra in profondità creando una relazione autentica fra anime in cammino: ed è BELLEZZA.
La creazione di un centro come Altrove e lo sperimentare la Vita del luogo sviluppano di fatto una forma di Alkimia Superior, che esprime Bellezza, Bontà e Verità.

L'*ALCHIMIA INFERIOR* ci conduce attraverso un lavoro alkemico mirato sulle emozioni e sulle visualizzazioni negative. I due metodi sono complementari e indispensabili entrambi: si lavora simultaneamente sul ravvivare e incrementare le emozioni Superiori che già siamo in grado di provare e sulla trasmutazione di quelle negative che ci impediscono di cogliere la Realtà per com'è, intrappolandoci nell'illusione a cui si è asserviti per abitudine. Allo stesso tempo il riuscire ad essere Presenti (anche se non è ancora il vero Ricordo di sé) ci permette di guadagnare energia.

Ogni qualvolta che ti dimentichi di te e sfoci in una visualizzazione negativa, vieni assorbito dal flusso della mente entrando nel vortice del tempo, e perdi in queste manifestazioni tutta l'energia guadagnata grazie ai momenti di effettivo ricordo e presenza. Un'arrabbiatura di qualche minuto, o qualche ora di depressione, possono far perdere la quantità di energia accumulata in settimane di sforzi per rimanere svegli. Un vero SPRECO! La manifestazione senza controllo delle emozioni negative fa subire un crollo alla frequenza delle nostre vibrazioni, ci catapulta nei centri inferiori (stato animale), scaricandoci energeticamente e avvelenando le nostre cellule anziché favorirne la trasmutazione.
Se non lavoriamo su di esse non facciamo altro che versare acqua in uno scolapasta e ci troviamo continuamente al punto di partenza.
Inoltre l'energia acquisita nei momenti di effettivo Ricordo, se non consacrata al Lavoro, tende a seguire spontaneamente la linea di minor resistenza (come l'acqua che scorre in un vecchio canale, andrà per comodità a fluire nella via più facile) andando a rafforzare i vecchi schemi men-

tali e le vecchie emozioni negative della macchina. Quindi, se entrambi i movimenti non vengono sorvegliati grazie ad un'attenta autosservazione, le paure, le rabbie e i pregiudizi diventano sempre meno gestibili e il nostro stato diviene più penoso di quello da cui siamo partiti.
L'autosvalutazione, l'autocommiserazione, la negazione di sé, l'impotenza, la nullificazione prendono il sopravvento e ci schiacciano per abitudine, sistemicamente.
Noi siamo scienziati, e qui si tratta di lavorare come veri scienziati, trasformando se stessi cellula dopo cellula oltre ogni possibile verità e illusione.

Per quanto una Via possa risultare valida in se stessa, resta però il fatto che la Vera Luce entra in noi solo nella misura in cui lasciamo la finestra aperta.

È sempre e solo una nostra diretta RESPONSABILITÀ che crea un'apertura verso il Nuovo, e solo TU puoi sforzarti per conquistare la tua REALTÀ inginocchiandoti al Divino che in te dimora per elevarti verso l'Essenzialità di tutte le cose. Questi sforzi rivolti al Risveglio sono Atti eroici che parlano di Libertà, ma che se letti nel sonno della mente ricordano solo la paura della schiavitù in cui si versa. L'io di superficie, la persona ordinaria, riconosce solo ciò che crede e pensa di essere! Se siete chiusi, rigidi, orgogliosi, timorosi, ottusi e attaccati all'io e al "me stesso", nulla potrà entrare, nessuna acqua di Fonte potrà dissetare il vostro Essere. L'alkimia è una delle vie che, se seguite con devozione e dono di sé, portano fattivamente al Risveglio della Cosxienza.

Questo Lavoro, questa Via Sapiente, è adatta a chi ha il coraggio di intraprendere un concreto sentiero di trasformazione interiore.
Le fattive esperienze che si sviluppano durante il Lavoro congiunto ad Altrove accelerano la crescita del singolo e del gruppo stesso, espandendo di fatto sia la Cosxienza individuale che quella di gruppo.
Un Nuovo Ordine Superiore si costituisce qui. Chi non è intenzionato a svolgere un Lavoro PRATICO su se stesso non è adatto a questo percor-

so, risulterebbe per lui doloroso e increante, arduo e limitante, e forse necessita di qualcosa di più accessibile. Lo Scopo del praticante di Alkimia consiste principalmente nella progressiva apertura del Cuore. Aprendo il Cuore entriamo in una nuova dimensione della Cosxienza che ci consente di scorgere la Realtà oltre l'illusione. Questo fa sì che veniamo proiettati in uno stato di benessere costante in cui le virtù superori, Forze Cosxienti, quali la LIBERTÀ, la FEDE e la GIUSTIZIA, muovono i nostri movimenti interiori, non più dipendenti dai legami con gli altri o dalle situazioni del mondo esterno.

Tale stato viene definito "Illuminazione" o "Risveglio".
Un pensiero Superiore, un'intelligenza più acuta, una straordinaria creatività e l'Immortalità sono gli effetti collaterali del Risveglio dell'Essere umano.

Ma fa attenzione, tu che leggi con la fronte aggrottata: il tuo Risveglio, la tua Libertà, la tua Fede e la Giustizia sono una tua diretta Responsabilità; per far sì che scorrano in te devi divenire coppa accogliente e non più lama tagliente.

E Ricorda, NESSUNO PUÒ SVEGLIARTI.

Il Lavoro di Risveglio della Cosxienza è un'Opera di trasmutazione alkemica che ognuno di voi deve compiere all'interno di se stesso prendendo su di sé la responsabilità del cammino intrapreso: qui ognuno si prende la propria croce.

> *"Allora Gesù disse ai suoi discepoli: Se uno vuol venire dietro me, rinunzi a se stesso, prenda la sua croce e mi segua".*
>
> Matteo 16, 24

Nessun istruttore, guida o maestro può fare il Lavoro al posto vostro. Dovete farvi carico della vostra croce e conquistare ogni passo verso la Vera

Consapevolezza lavorando ogni giorno su voi stessi. Il Risveglio avviene in virtù di una Consapevolezza sempre maggiore di ciò che siamo, una consapevolezza conquistata giorno dopo giorno grazie a una costante osservazione di noi, cioè dei nostri comportamenti e meccanismi inconsci. Come detto, è proprio l'Autosservazione che rappresenta il cardine del lavoro.

Ricorda: NON CREDERE A NULLA.
È meglio non credere a nulla di quanto vi viene detto. Prendete ogni concetto o verità come ipotesi di lavoro, sperimentate nella pratica e poi vedete se tali insegnamenti sono utili oppure no. La credenza cieca non è mai un buon atteggiamento, anzi farcita dall'ignoranza e dall'illusione si rivela follia pura, spesso una psicoprigione più comoda.

Ricorda: UN LAVORO SCIENTIFICO.
Il Lavoro di Risveglio è per soli scienziati: è scientifico, metodico, rigoroso, creante, preciso, chirurgico, fluttuante, vivo, bello e abbondante, mai uguale a prima, sempre in costante movimento, espanso e ampio, eterno e immanente. Non si tratta di credere per fede, per aver letto testi sacri o per aver fatto innumerevoli pratiche energetiche e seminari, bensì di apprendere, comprendere e poi sperimentare su di sé.

Il DIVINO lo devi essere non solo pensarlo.
La Vera Conoscenza è Reale movimento trasmutante e viene assimilata solo con una diretta esperienza, mai prima. Questa è *gnosi*, è una Conoscenza diretta, una Conoscenza per identificazione. L'alkimia non si limita ad accrescere le conoscenze intellettuali dell'individuo ma lo porta a una trasformazione fattiva e radicale di sé, il che gli consente di accedere a Verità di ordine Superiore a quello intellettuale. Verità ben oltre la comune ragione per intenderci: Realtà Sovramentali che tendono all'unione e non più alla divisione sistemica. La scienza come è oggi comunemente intesa, compresa la psicologia e le sue infinite diramazioni,

non permette l'accesso a tali Verità, in quanto non tiene conto che tutto è *COSXIENZA-ENERGIA*, e si fonda ancora su un divario tra sperimentatore e realtà sperimentata. In questo Lavoro tu sei sperimentatore, esperimento e sperimentato (TRINO E UNO).
Solo procedendo in questo modo si sperimenta e si ottiene l'autentica scienza – la Sapienza – intesa nel suo significato originale di Saggezza, ossia capacità di comprendere interamente e intuitivamente il senso di se stesso e contemporaneamente dell'Universo. Spirito Energia Materia, Padre Madre Figlio, Positivo Negativo Neutro, Mente Vita Corpo, Suono Silenzio Niente.

Questa è Ars Regia, l'Arte del Filosofo.
Per fare un buon Lavoro dobbiamo innanzitutto conoscere le Leggi che governano il funzionamento interno dell'essere umano e le Leggi che regolano l'Universo, imparando a leggere il libro della natura Divina (corrispondenza con Microcosmo e Macrocosmo).
Questo Lavoro innanzitutto opera sulla psiche (Anima) e ha lo Scopo di illustrare le principali Leggi psichiche e psicologiche che agiscono nella nostra Vita e fornire al contempo gli strumenti pratici affinché il singolo diventi organismo e possa compiere, non da solo e secondo i suoi ritmi, un progressivo e reale Lavoro di Risveglio che conduca innanzitutto all'apertura del Cuore individuale e contemporaneamente di tutto il gruppo.
La difficoltà che limita l'accesso a tutto questo potenziale è accettare che viviamo in un sogno, perché solo se accettiamo che siamo in un incubo ci sforzeremo di ricordarci di noi e risvegliarci.

RICORDA DUNQUE:
Tu stai dormendo dimenandoti nell'ignoranza, nelle sabbie mobili della paura e soffri ciclicamente perché sei prigioniero di un incubo, vivi in una psicoprigione e non stai vedendo la Realtà della Vita ma vivi in una matrice fatta di illusione e sogno. Puoi accettare questo?
Se accetti di essere prigioniero di te stesso, della tua ignoranza, delle tue

credenze, puoi iniziare a lavorare per evadere da questa neuroprigione e rifiutare l'illusione: solo tu puoi.

Come cadiamo nell'illusione? Ti viene donato un corpo, un centro emozionale e una mente, un veicolo insomma che, per educazione e istruzione, invece che all'Amore e alla Libertà viene allevato e programmato al *BIOSCHIAVISMO* e indotto al sonno della cosxienza. Questa educastrazione sistemica induce uno stato di perenne paura della morte (bio-fisica, sentimentale-emotiva e mentale), assoggetta la tua natura di superficie alla pochezza, alla scarsità e conduce al sonno e all'oblio della cosxienza.
Se accetti che lo Sfidante sei tu, che il Potere di evadere è in te, allora puoi scegliere se è tempo di andare contro natura ed essere il Davide contro Golia, l'Ercole contro l'Idra, l'Eroe che domina il drago. Se vuoi, Tu puoi essere un'*ANOMALIA SISTEMICA*. Questo è semplicemente il gioco della Cosxienza, nulla più...

Semina Invernale
Un Nuovo Ambiente Mentale

Come per il campo che deve essere arato e preparato alla nuova semina, si necessita di una nuova sostanza emotiva che irrori e sviluppi un nuovo ambiente mentale, dove non seminare più bioschiavi ma far sbocciare nuovi umani, deità del divenire, figli della Nuova Era.
L'Uomo N-Uovo è già in nuce in tutti noi ed è forse giunta l'ora della semina.

Sintesi e Raccolta

Le emozioni negative più comuni sono: rabbia, desiderio di vendetta, odio, invidia, ogni forma di gelosia, senso di colpa, depressione, frustra-

zione, lamentela, critica, nostalgia, malinconia, paura, ansia, dispiacere, senso di inadeguatezza, senso del possesso, senso di attaccamento alle cose e alle persone, tutti i generi di fastidio e irritazione verso chi non la pensa in modo giusto, verso chi non si comporta in modo giusto, verso chi non ti riconosce, verso chi non ti accetta e così via.
Il Lavoro che si sviluppa sulle emozioni negative inizialmente è un lavoro mentale e qui si necessita di sviluppare un nuovo movimento che dia fiato a questo inizio.
Infatti, si ricade nella ripetizione di emozioni negative perché le giustifichiamo mentalmente e quindi, per fare un buon lavoro, è utile rivedere il nostro vecchio modo di razionalizzare e ragionare. Di norma si pensa che in certe occasioni sia giusto infastidirsi o arrabbiarsi, oppure provare ansia o essere depressi. La giustificazione (lo spiegazzo) di tali emozioni è radicata nel nostro inconscio, è iscritta nel DNA, per cui questi movimenti emotivi possono esprimersi meccanicamente senza dover affrontare alcun freno cosxiente da parte dell'ignaro individuo che, di fatto, le subisce. Gli unici freni alle emozioni negative sono quelli imposti dalla società tramite le leggi morali ed etiche, quindi non sono voluti, ma sono anch'essi divenuti inconsci e dunque meccanici. Pertanto quando esprimiamo le emozioni più "dense e basse", così come quando le reprimiamo, tutto avviene meccanicamente.

La fase più importante del Lavoro consiste nell'allenare prima la mente conscia poi quella inconscia al fatto che le emozioni negative non hanno alcuna giustificazione. La mente per meccanicità giustifica le emozioni e le tiene vive, quindi sulla mente bisogna lavorare affinché si crei un "ambiente mentale" in cui le emozioni negative appaiono per quello che sono: paura, rabbia e illusione. Esse da un lato sono manifestazioni che sottraggono energia e fanno soffrire (se le consideriamo inevitabili e lasciamo che abbiano il sopravvento), dall'altro lato come già detto, sono strumenti indispensabili alla nostra trasformazione, se si comincia ad osservarle e a lavorarci nel modo corretto. Vedremo più avanti quanto queste in realtà

siano elementi insostituibili del nostro Lavoro e non vadano quindi ritenute difetti della persona o manifestazioni sbagliate.
Questo materiale emotivo rappresenta la fondamentale Sostanza da cui ricaviamo le emozioni Superiori. Ma per ora è bene aver chiaro quanto risulti dannoso giustificarle ed appoggiarle.

Si lavora a partire dalla mente detta "conscia", introducendo nuovi processi che vengono trattati in questo rinnovato e sperimentale sistema di pensiero. Abituandosi a pensare in maniera differente si creano nuovi schemi di pensiero nel corpo mentale e questo fa sì che in seguito questi nuovi schemi si fissino nelle cellule e diventino a loro volta inconsci, prendendo il posto di quelli vecchi. Sostituisco, in sintesi, un'abitudine con un'altra abitudine.
Un aggiornamento, insomma, che va scaricato ogni giorno, regolarmente: questo atto giornaliero è Amore di sé.

Lo Scopo di questo Lavoro è fare in modo che, al nascere dell'emozione negativa, una parte della nostra Cosxienza non si identifichi completamente con essa ma, nell'Autosservarsi, si ricordi di sé e assuma immediatamente l'aggiustamento e il controllo della situazione cercando di opporre resistenza ai pensieri negativi, che inevitabilmente accompagnano tale emozione, tentando di non lasciarsi assorbire integralmente da essa.

È una pratica che all'inizio richiede sforzo ma poi diviene un meccanismo collaudato, automatico, che sfocia non più nella macchina ma conduce verso l'Autocosxienza.
L'attrito energetico che viene a crearsi durante questi tentativi di opporsi alla meccanicità consente pian piano la "fabbricazione" di un nuovo "vestito", un involucro psichico: il Corpo dell'Anima.
Il passo successivo sarà non provare più emozioni negative e percepire direttamente tutto attraverso uno stato di Cosxienza Superiore. In questo modo i fatti del mondo che attraverso i vecchi schemi di pensiero veniva-

no percepiti come ristretti, scarsi, irritanti e brutti, dai nuovi schemi dell'Anima vengono immediatamente percepiti, oltre l'illusione, per quello che realmente sono: Bellezza allo stato puro. Ecco, questo è quanto, se recettivi e pronti, saremo in grado di poter direttamente conoscere e assimilare. Tutto si sviluppa fluido se solo scegliamo, con fiducia e in piena Libertà, di Essere, non prima…
Ho detto

Lux Radix

Lume IV

Dalla Distruzione alle Creazione

5 Maggio 2016

ESSERE CIÒ CHE SEI
OLTRE LA PAURA DEL GIUDIZIO
LA VIA DELLA ROSA E LE OPERE SENZA TEMPO

Usciti dai meccanismi morali e dalle regole sociali da questi partorite e imposte, si esce simultaneamente dal processo autodistruttivo a cui per asservimento ai macroschemi e alle società "pluralizzate" tutte le persone "normali" sono assoggettate. Si esce dalla costante ricerca di riconoscimento, di successo, di affermazione, dalla competizione insomma, e si entra in una rinnovata spontaneità di ciò che si è, in quella unicità che tutti portiamo dentro e siamo. Quell'unicità che ci contraddistingue e che ogni Essere UMANO, quale Scopo ultimo, prima o dopo è chiamato ad ESSERE ed esperire. Questo è il nostro comune Scopo: Essere se stessi.

Una Vita senza Scopo è una Vita senza Gioia.

Tra l'Essere e l'avere ci sei tu. Tra la distruzione e la creazione ci sei tu. Il tuo orientamento, la tua Cosxienza, la tua totale assunzione di RESPONSABILITÀ determinano la tua LIBERTÀ di esprimere ciò che sei e di essere unico o meno. Mi hanno definito in molti modi, strano, pazzo, mistico, particolare e al di fuori delle righe, per tanto tempo, poi ad un certo punto ho realizzato che non ero io ad essere strano ma coloro che mi giudicavano così.

"Dall'uomo al Vero uomo, la strada passa per l'uomo pazzo".

Foucault

"Talvolta un pensiero mi annebbia l'Io: sono pazzi gli altri, o sono pazzo io?".

Albert Einstein

LA VERA GIOIA DIVIENE TE, NELL'ATTIMO IN CUI ACCETTI CIÒ CHE REALMENTE SEI, AL DI LÀ DI QUELLO CHE HAI CREDUTO O PENSATO DI ESSERE O CHE GLI ALTRI ALL'ESTERNO SI ASPETTANO CHE TU SIA.

Sii dunque, semplicemente

Lux Radix

Lume V

Aspirazione dell'Anima

6 Giugno 2016

Oggi l'Organismo esprime Unità e Leggerezza, Bellezza e Autenticità d'Animo. Quest'oggi è stato anche ieri ed è già domani, quel domani che prende spazio a ieri e rincorre già quel dopodomani che prima o poi arriverà. Che tempi, ieri, oggi, domani, dopodomani; osservate come si produce questo fenomeno nella mente, il tempo, quel tempo che nemmeno gli svizzeri, maestri orologiai, sanno cosa realmente sia.
Un tempo di esperienze qui ad Altrove che non sa mai di ieri, né di oggi e neppure di domani, poiché qui ad Altrove è sempre e solo ADESSO. Un bel tempo l'Adesso, unico e irripetibile, spontaneo e sincero, mai atteso, mai sperato, mai conosciuto o studiato poiché può essere, l'ADESSO, solo nell'Attimo fuggente, solo sperimentato, colto e vissuto nell'Eterno in cui fluttiamo.

Se ben attenti e vigili, le acquisizioni di questo periodo si rivelano incisivo strumento di destrutturazione creante, per il singolo, per il gruppo, per l'Organismo tutto. Il limite che incontriamo in questo ciclo, come ben sperimentato, è la paura di perdere lembi di personalità, aggregati, che ancora danno l'illusione di un'effimera certezza, una sicurezza che vela di fondo una totale insicurezza.
È il GIUOCO stesso che determina questo movimento, è la separazione che si evidenzia e nell'emersione chiede di essere vista, riconosciuta e trasformata. Uno SCIENZIATO anela non solo a conoscere, ma a vedere e cogliere per ESSERE ciò che scopre.
Questo è lo spirito per il Lavoro.

Coppia Essenziale
Amore Trascendentale

L'inizio (Iniziazione) dei Lavori sulla Relazione di coppia essenziale sviluppati negli ultimi seminari (vedi volume III, tavole VIIII e X), ha chiarito come noi tutti ci rapportiamo con l'idea che abbiamo della famiglia biologica di appartenenza e come, viste le esperienze comuni a molti dei partecipanti, questa idea risulta essere, nell'attuale, forse obsoleta e superata. Siamo orientati in un processo evolutivo che determina una rinnovata concezione di famiglia, che possiamo a ben ragione definire "famiglia elettiva". Una famiglia elettiva risulta essere oggi un atto necessario al cambiamento ed è la PIETRA DI PARAGONE che, se compresa e attualizzata, fa la differenza per le future relazioni di coppia. La coppia è la comunione stessa della vita, che grazie ai due principi, maschile e femminile, esprime proprio nella coppia tutta la propria incommensurabile creazione.

La pienezza dell'Essere si esprime solo con l'allinearsi alla Vita, poiché in questo fluire non si è più in balia di forze esterne che ci piegano e ci stritolano come fuscelli al vento, ma si diviene padronanza di Sé, si diviene la Forza stessa che veicola ogni fenomeno o elemento sia interno che esterno. Noi tutti possiamo dire di essere allineati alla Vita nell'attimo in cui comprendiamo le Leggi cosmiche che regolano il micro e il macro, che uniscono ciò che è in alto a ciò che è in basso, perché quello che è dentro si riflette fuori, poiché il piccolo e il grande sono la cosa medesima.
I mistici di sempre dicono che siamo la connessione tra Cielo e Terra, perché? L'essere umano, unito e integrato con il Sé Superiore, ne è il tramite naturale poiché il suo allinearsi a questa REALTÀ SOSTANZIALE fa sì che macro e micro dentro di sé si uniscano in matrimonio, ed ecco che avviene il miracolo della Cosa Una: *MASCHILE e FEMMINILE, LUI e LEI, SPIRITO e MATERIA si fondono in un'eterna promessa d'AMORE.*
Questo è in sintesi lo Scopo dell'Essere Umano. Materializzare lo Spirito,

pragmatizzarlo, mettendo il sottile in relazione con lo spesso per concretizzare la perfezione dell'Essere e simultaneamente Spiritualizzare la Materia. Questa è l'AUSTERA RESPONSABILITÀ a cui in fondo, consci o meno, tutti siamo chiamati.

Le Aspirazioni dell'Anima
La Malia dell'Essere

Siamo in questo mondo ma non siamo di questo mondo.
Nelle Scuole Iniziatiche e secondo la Tradizione Ermetica, un Essere umano è considerato Essenzialmente COSXIENZA; per essere più chiari, MENTE (o una pluralità di menti). La Mente di cui si parla qui non è associabile al pensiero come comunemente viene concettualizzato.
"Tutto è Mente, l'Universo è Mentale" recita l'assioma Ermetico.
"TUTTO È NEL TUTTO, IL TUTTO È IN TUTTO".

Questi assiomi ci cantano dell'Opera Divina che, simile ad un Eterno Sogno, MANIFESTA nella Materia e diviene Creazione Cosxiente. Un inesauribile atto d'Amore fluisce tra l'inerzia e il movimento creando infiniti mondi intelligenti.
Così avviene nella mente dell'unica Realtà Sostanziale che è il Tutto ove esistiamo, fino a quando non rientriamo riassorbiti nel Suo Eterno Intimo.
Ogni Realtà materiale, e con questo voglio intendere ogni fenomeno ed elemento, dalla galassia più estesa all'ultimo granello di pulviscolo, dalle potenze angeliche alla molecola apparentemente più insulsa, è contenuta nella Mente del Tutto.
È un'affermazione talmente semplice nella sua essenza che crea angoscia nell'interpretazione, perché accettarla fino in fondo implica la rinuncia alla nostra misera prerogativa umana.
Potremmo quindi affermare che il processo di divisione, di dualità, che

manifesta e crea la Realtà e in cui esprimiamo la nostra personale esperienza, l'Unico Essere Cosxiente, è il Tutto. Terribile e magnifico, buono e cattivo, angelo e demone, lupo e agnello simultaneamente sono la manifestazione di un unico Ente, il Tutto.

"*Tutto è Essere*" afferma Parmenide, poiché se solo penso che esista il "non essere" nego l'Essere.
Nel salmo che segue viene espressa in modo magistrale questa Realtà Sostanziale:

"Se vi si chiede qual è il segno di vostro Padre che è in voi, dite che è movimento e quiete allo stesso tempo".

"Tutto è Cosxienza. Tutto è Mente, l'Universo è mentale", questa espressione Ermetica di fatto annulla la differenza tra Spirito e Materia, avallata dall'illusione del tempo unico lineare e comune a quasi tutte le scuole filosofiche e religiose occidentali.

Se tutto infatti appartiene al Tutto, la Sostanza che compone ogni cosa, densa o sottile che sia, è pressoché uguale in ogni creatura dell'Universo. Oggi grazie agli strumenti scientifici sappiamo che a livello subatomico non c'è grande differenza tra un tronco d'albero, una roccia granitica e un cuore umano. La Sostanza risulta essere la stessa, ciò che muove e muta le forme in superficie è solo una Cosxienza diversa che, grazie ad un gioco di Forze, manifesta se stessa attraverso la forma. Questo processo se compreso svela il perché tutto è connesso a tutto e perché noi siamo contenuti e conteniamo tutte le cose. Il famoso "Tutto è Uno".
"*Come è in alto così in basso, come è sopra così è sotto, come è dentro così è fuori*", recita la Legge ermetica di Corrispondenza.
Prima ho accennato al rientro nell'Intimo del Tutto. Questo è il movimento che ci accomuna ad Altrove ed è simile ad un richiamo, una malia antica che ci muove e ci commuove, un'insoddisfazione di fondo che ci

anima e ci rinnova costantemente, il DESIDERIO di migliorarci e di perfezionarci.
È l'artificio, la magia a suggerire che *SIAMO IN QUESTO MONDO MA NON SIAMO DI QUESTO MONDO* e a condurci, magneticamente, verso ciò che ci è affine e simile. Questo movimento si può descrivere in molti modi, ma per essere sintetici ne guardiamo solo due utili rappresentazioni. In superficie, all'esterno quale "uomo di desiderio" con la sua ricerca inesauribile del piacere che informa le masse attuali, e interiormente quale "Anima di Desiderio" che andando oltre il desiderio stesso pone in evidenza l'Aspirazione insita nella profonda natura umana.
Questo è il pungolo, vestito di un'Eterna mancanza, che sprona ad un'Aspirazione costante e ci guida verso la ricerca di Verità, che conduce all'Essere Essenziali.

Aspirazione dell'Anima
Amore e Anima di Desiderio

La Mente non è di certo quello che normalmente e ignorantemente si intende come "cervello", sede e organo fisico di funzioni e pensieri.
Ciò che qui si tratta, oltre ogni dogma, è la Mente vista nella Sua totalità di natura, sostanza ed espressione. Un approccio occulto, grazie ad una Visione diversa dei fenomeni, determina che in ogni centro di Cosxienza della natura umana sottile si esprima, a vari gradi e stadi, la Mente. L'essere umano è una Trinità, fisico-vitale-mentale (soma-psiche-spirito), a sua volta composta da ulteriori ternari e queste trinità si manifestano nel mondo organico grazie a sette porte o centri di Cosxienza: i *chakra*. La Mente, secondo la filosofia tantrica, si esprime nel primo di questi sette centri con l'istinto, IO HO, nel secondo centro con i desideri, IO SENTO, nel terzo con la volontà, IO POSSO, nel quarto con sentimenti ed emozioni, IO AMO, nel quinto con l'espressione e la parola, IO PARLO, nel sesto con il pensiero consapevole o di ragione, IO PENSO,

e nel settimo come mente Superiore o Sé spirituale, IO SONO. Ognuno di questi centri è un mondo, un reame Cosxiente che esprime e determina le Realtà corrispondenti. Tutte le manifestazioni di idee, di espressioni, di sentimenti, di volontà, di desideri e di istinti espresse in questo mondo organico sono sostenute da una Cosxienza che si manifesta attraverso le Forze, i Principi e le Leggi della Materia, della Vita e della Mente. La Vita concretizza questa manifestazione grazie al desiderio incessante di ricongiungersi all'Origine e lo fa tramite un processo Eterno di PERFEZIONAMENTO volto all'Evoluzione.
QUESTA È IN SINTESI LA LEGGE DELL'AMORE.

Abbiamo visto che ogni cosa che pensiamo e facciamo, origina da un DESIDERIO INTERIORE.
Un'ANIMA DI DESIDERIO, quindi, sospinge ogni possibile creazione volgendola incessantemente verso un atto costante di perfezionamento. Un AMORE potente, che arde ma non brucia mai, alimenta questo Desiderio Eterno di Creazione che anela ad unire questa separazione originaria tra moto e quiete, tra maschile e femminile, tra ogni possibile manifestazione di opposti.

Il movimento tra inerzia e moto, grazie al Desiderio, sviluppa la creazione di tutte le cose.
Essendo questa una Legge Fondamentale, non trascurabile e priva di scorciatoie, tutti noi siamo conformati più o meno consciamente alla Sua incessante influenza. Tuttavia, questo nostro conformarci può come sempre avvenire in due direzioni distinte e separate: verso l'Evoluzione, ovvero verso lo sviluppo dell'Essere e della Cosxienza, o verso l'Involuzione, ovvero verso il primato della nostra Natura Terrestre, fatta di abbandono incosciente ad istinti e brame di bassa levatura e infima sostanza. Uno Scienziato, dunque, deve porre molta Attenzione sul campo della vita quando si trattano i suoi "desideri".
La nostra psicologia naturale, spontanea, essendo ancora grezza e meccanica è espressione, in larga parte, della nostra Personalità di facciata Auto-

matica, e delle varie credenze e convinzioni che in essa vengono impresse per risonanza dall'esterno. Queste credenze e convinzioni arrivano presto o tardi a colorarsi di sentimento e di varie sfumature di emozione, e quindi ritornano nel mondo fisico attraverso noi.

In realtà molti di questi "desideri" mancati o soppressi nascono da abitudini e ripetizioni innescate da immagini, suoni, modi o toni, in sintesi da induzioni provenienti dal mondo esterno, ma che non ci appartengono realmente. Questi processi originano dalla risposta che diamo all'evento che andiamo ad esperire, la quale innesca un meccanismo di mancanza, che determina ansia, diviene paura e il gioco è fatto: sono un animale pensante, fuggo, resisto o combatto. Il piacere e il dispiacere sono sempre alla base della manifestazione esperienziale che noi stessi creiamo. Questi movimenti non originano dalle Sacre profondità interiori, ma si agitano nella superficie della mente ordinaria tramite i vari centri inferiori di cosxienza, quest'ultimi per ignoranza assoggettati ad un sistema di credenze e alla necessità non di vivere, ma di sopravvivere. Questo naturale condizionamento porta la stragrande maggioranza di noi a separarsi dalle Aspirazioni impresse nell'Essenza della nostra Anima, che poi sono immagine e riflesso di un unico Grande Sogno collettivo.

Ci hanno ripetuto per millenni che siamo tutti figli di Dio, ma che lo stesso Dio ci ha abbandonati perché abbiamo peccato. Ci separiamo da ciò che ci appartiene davvero, che possediamo davvero, l'Essere, e ci schieriamo unendoci a ciò che è ignoranza e illusione travestita da permanenza. Questa schiavitù separatrice non esalta gli autentici talenti umani, ma reprime sistemicamente la nostra unicità.

Oggi nel mondo tutti sentono questa insoddisfazione, basta guardarsi intorno e si coglie che nella nostra società il danzatore lavora in banca, lo scrittore guida gli autobus, la guaritrice fa i conti in mezzo alle scartoffie e il politico fa lo scribacchio.

Tutto deve asservirsi e produrre, tutti devono allinearsi al sistema e produrre, il tempo è poco e non basta, le riserve di cibo scarseggiano e non bastano, il petrolio non basta, e qualsiasi cosa tu farai non basterà mai.

NON BASTA MAI. TUTTO È INUTILE, TANTO NON BASTA MAI!

L'Aspirazione della nostra intima natura è Essere, il desiderio della personalità automatica è "avere", e fino a quando uno scienziato non comprende questa semplice differenza si condanna ad una Vita di ambizione in cui può arrivare ad avere tutto, perché esiste una Legge che lo permette in potenza, pur continuando a sentire nel sottofondo una corrente emozionale di disagio e di malinconia ontica, senza nome, a cui non riesce a far fronte e che non riesce a colmare, non importa quante barche possiede, quanti viaggi fa, quanti figli sforna, quanti soldi ha in banca o quante tossicodipendenze emozionali usa per questo scopo:
NON BASTA MAI, NON SARÀ MAI ABBASTANZA, MAI!

Discernere tra ciò di cui NECESSITI realmente, prerogativa dell'Anima, e ciò che dovresti avere, impresso dall'esterno nella tua illusoria personalità di facciata, è esattamente uno dei risultati del processo di spersonalizzazione di un individuo.
In questo stato di discernimento, un essere umano smette di voler fare per AVERE e inizia a FARE per ESSERE.

Questo processo di individualizzazione per fissarsi nella nostra carne, nelle cellule, richiede tempo e richiede una grande dose di pazienza e coraggio. Il tempo è quello necessario alla destrutturazione e alla disidentificazione dalla Personalità di superficie.
Coraggio e pazienza sono ciò che serve quando realizzi che per Essere unito all'Aspirazione della tua Anima, al di là di ciò che ti piace o ti dispiace, dovrai far fronte a degli esami, a delle sfide molto precise e molto intense che avvengono proprio dentro di te per poi riflettersi nel mondo fisico, nelle tue azioni quotidiane e nelle tue relazioni con gli altri.
Il Coraggio è ciò che ti serve quando realizzi che, per Essere, occorre assumersi delle RESPONSABILITÀ, che impatteranno ed influenzeranno in modo radicale e definitivo l'intero assetto della tua Vita quotidiana.

LA TUA GIOIA E LA TUA LIBERTÀ SONO PROPORZIONATE AL TUO GRADO DI RESPONSABILITÀ.

La Via della ROSA come qualsiasi altra via iniziatica, non importa seguendo quale Tradizione, conduce sempre ogni ESSERE UMANO esattamente a questo punto. Il punto in cui dovrai decidere, scegliere in modo costituente, se accordarti alla Vita e all'ASPIRAZIONE dell'Anima assumendoti la RESPONSABILITÀ e la paternità di questa scelta, o rimanere nei "desideri" della tua Personalità di facciata e dei suoi insaziabili "io" che mai paghi, fautori e tifosi della pochezza e della paura e della scarsità, NON SI BASTERANNO MAI.
La Scelta conduce verso una RESPONSABILITÀ che come visto fa paura, perché all'io che chiamiamo me stesso, ancora vivo e forte in noi, non piace, resiste ad ogni possibile cambiamento e non vuole morire; eppure di qualche morte bisogna pur morire. Morire Cosxientemente è di gran lunga meno traumatico che appassire lentamente e morire nel sonno meccanico della Cosxienza.

Tuttavia è ben utile tener presente che a questo punto del cammino risulterebbe poco piacevole e forse anche assai doloroso morire nel sonno e scegliere la "via vecchia", perché ora che non siamo più totalmente ciechi, senza maschere e senza filtri, sarebbe dura raccontarci ancora che siamo le vittime di un fantomatico nemico che è là fuori. Eh sì, sarebbe veramente molto dura. Meditiamo dunque.
Ho detto

Lux Radix

GNŐTHI SEAUTÒN

Sin dall'antichità più remota, gruppi di individui si sono alleati ed amati ricercando la risposta alla domanda che più di ogni altra occupa spazio e attenzione in ognuno di noi: *chi sono io*?
Oggi, il Centro di Pedagogia Evolutiva Sei Altrove, quale Schola Iniziatica, è portatore di questo ricordo: la storia d'Amore per eccellenza che da sempre si celebra tra l'Umana natura e la divinità Essenziale che immanente alberga nel nostro Cuore.
In ogni epoca e attraverso innumerevoli popoli e culture, si sono succeduti questi gruppi di Iniziati che in modo silenzioso, simili a laboriose api di un alveare, hanno portato avanti il Lavoro al fine di mantenere viva la Tradizione misterica basata sull'unica e sola Realtà oggettiva dell'Universo. Un Ricordo, la cui Via non ha origine né fine, essendo memoria e figlio dell'Inconoscibile e della Sacra celebrazione della Vita.
È qui che si radica la cultura iatromantica, espressione creativa di una Cosxienza Sovramentale, dispensatrice della Luce di Verità, della Ragion d'Essere e della Vera Conoscenza che da millenni illumina il cammino dell'uomo che inizia a guarire dall'ignoranza per ricordare la sua vera storia attraverso canti, prosa e poesia.
Questi gruppi, simili ad alveari, si sono succeduti nei tempi, come ordini, congreghe, templi, sette, conventi, chiese e monasteri, il cui unico scopo è di distillare al pari delle api l'Essenza stessa della Realtà oggettiva dell'Universo per contenerla in puri recipienti cosxienti: gli Esseri Umani. Costoro, iatromanti e maghi e scienziati dell'Essere, sono iniziati all'originario e puro Ermetismo, che si esprime col silenzio e parla Ieratico. In seguito il Lavoro di Ricordo della propria Essenzialità fiorisce nella cultura delle congreghe di guaritori, teurghi e mistici del sud Italia e dell'Asia Minore, quali diretti progenitori delle Schole Filosofiche ed Iniziatiche sorte nell'antico Egitto e successivamente in tutto il bacino Indo-Europeo. Si edificano dunque le Schole Orfiche e Pitagoriche, pietre miliari dell'attuale Scienza Iniziatica occiden-

tale, dalle quali sgorgheranno le filosofie di Platone, di Aristotele e dei maestri greco-alessandrini, che a loro volta metteranno a frutto l'evoluzione compiuta in quei secoli.
Da qui, la nascita delle religioni monoteiste determina un naturale inabissamento del libero pensiero e della Tradizione Iniziatica, che riemergerà nei secoli successivi: in Asia con gli arabi e il Sufismo, e in Europa attraverso i Merovingi e i Templari.
Nel Rinascimento, in Europa, le api laboriose condenseranno ancora Essenza con i Fedeli in Amore, con i Giordaniti e poi attraverso i Rosa+Croce, lasciandoci in eredità, tramite un linguaggio simbolico che racchiude la massima espressione artistica di almeno tre secoli, la loro distillazione di Conoscenza del Regale.
Grazie a questi Alveari e al Lavoro di sintesi delle laboriose api che ci hanno preceduto, dai primi anni del secolo scorso sta a poco a poco ricomponendosi la primeva e ancestrale Tradizione di questa atemporale Cultura che decreta un urgente richiamo per tutti coloro che sentono la necessità di Servire questo alto ideale: lo Scopo Divino.

Rispondere a questo richiamo determina che qualunque sistema, gruppo o Schola di Lavoro, dal punto di vista più profondo, più diretto e più fenomenologico, ha la finalità principale di raccogliere, distillare e purificare l'essenza umana, per poi svilupparla nell'individuo in modo da farla diventare il più concentrata possibile. Ciò si ottiene per mezzo di tecniche, pratiche e metodi diversi, che vengono utilizzati dai vari gruppi, i quali agiscono proprio come le api che raccolgono diversi tipi di nettare per trasformarli in miele. Gli appartenenti ai gruppi lavorano per se stessi e per gli altri. Il genere di attività dipende dal responsabile della Schola, il quale incarna il metodo, la pratica o la tecnica che gli allievi usano, ciascuno secondo le sue capacità. Spesso gli allievi non sanno esattamente cosa stanno facendo; conoscono soltanto l'attività, senza immaginare tutti gli scopi per i quali può essere utilizzata. All'inizio osservano le loro emozioni: sentono, guardano, si ascoltano, cercando di comprendere il proprio mondo interiore. Dopo un certo tempo, cominciano a vedere la relazione esistente tra ciò che sentono e la perdita di

vari aspetti della loro Essenza; più riescono a sentire questa perdita, più Essenza si manifesta dentro di loro.
Nel nostro gruppo, ognuno Lavora su di sé a livello individuale e collettivo. Ognuno fa la sua parte raccogliendo il nettare della qualità e della densità che riesce a trovare. Dopodiché è necessario riunirsi e lavorare insieme, impegnandosi nell'attività di concentrare tutto il nettare in un solo punto, in modo che (per mezzo di un particolare procedimento) questo possa essere purificato, distillato, e reso il più concentrato possibile. È questo l'obbiettivo del Lavoro: ciò che facciamo qui al Centro di Pedagogia Evolutiva Sei Altrove ha questa finalità. Ci riuniamo e operiamo in modo tale che ciò che è stato raccolto possa condensarsi, permettendo all'Essenza di emergere in maniera più palpabile e definita. Ogni giorno passato in gruppo contribuisce ad aggiungere una diversa qualità: molti aspetti dell'Essenza diventano più chiari, più palpabili, più puri e concentrati, per cui tutti possono gustarne il sapore. Questo è il livello più profondo del Lavoro. La particolare disciplina in cui ci impegniamo consiste in una meditazione attiva, nell'esercitarci a essere totalmente presenti, mentre siamo impegnati in attività fisiche come il giardinaggio, lo studio, la pittura e qualsiasi altra pratica. Sentiamo, guardiamo e ascoltiamo con tutta la capacità essenziale che possediamo, indipendentemente da quale sia il nostro compito. Le attività pratiche ci aiutano nell'esercizio di essere presenti. Esse si svolgono nel luogo e nell'atmosfera ideali, perché la presenza di molte persone impegnate nella stessa attività aumenta la quantità di energia. La presenza dell'Essenza è contagiosa, e poiché ognuno sente, guarda e ascolta intensamente impegnandosi nel suo compito, è possibile produrre una certa quantità di "miele" in forma più concentrata del solito. Di conseguenza, sentire, guardare e ascoltare accresce la nostra capacità di essere presenti, aiutandoci ad assaporarla. Ognuno di noi può portare il sapore del miele e la capacità di essere presente nella propria vita quotidiana; col tempo saremo in grado di portarne con noi quantità sempre maggiori, finché la nostra vita diventerà la vita dell'Essenza.
La nostra attività, i nostri metodi, sono scientifici, e se vengono seguiti danno risultati molto precisi. È molto più facile per le api produrre il miele tutte insieme, anziché provarci singolarmente. Un'ape sola non produce

miele, e muore presto; non esiste un alveare costituito da una sola ape. Questo esempio illustra bene il tipo di Lavoro che facciamo qui.
Questo è l'alveare d'Altrove, erede di questa Tradizione Iniziatica e prosecutore della Via della Rosa che quivi si propone come fattivo Strumento volto al Ricordo di Sé e al Risveglio della propria Essenza.
Oggi, ognuno di noi è invitato a questa rinascita, il cui Figlio è l'inarrestabile Risveglio della Cosxienza e la cui Origine è un Atto d'Amore Grande e Magnifico con cui l'Universo ci dona la possibilità di sperimentare la Vita, in tutto il suo splendore, così come nella sua finitezza e nella sua materialità.
A noi dunque.

Lux Radix

Biografia dell'Autore

Hermes, pseudonimo di Gennaro Piccolo, è rinato nel secolo scorso a Napoli da una tradizionale famiglia partenopea. Dopo vari pellegrinaggi si stabilisce in Veneto dove concretizza la sua personale esperienza evolutiva dando vita al Centro Sperimentale di Pedagogia Evolutiva Sei Altrove. Grazie a questa intuizione e ai dieci anni di Lavoro pratico con i suoi allievi, è riaffiorata lentamente un'originale e visionaria prospettiva di indagine, una profonda esplorazione della Cosxienza che si è concretizzata in questa collana, Sintesi e Frammenti di Pensiero Vivente. Una viva testimonianza che orienta il ricercatore attento ad una autentica e scientifica sperimentazione di sé che conduce all'integrazione dei domini psichici e spirituali dell'Esistenza.
Hermes si dedica da oltre vent'anni allo sviluppo e all'integrazione di un potente e originale strumento conoscitivo rivolto alla trasformazione personale e all'attualizzazione pratica delle vere potenzialità umane. Ricercatore indipendente, scrittore, yatromante, pedagogo ed educatore spirituale, grazie all'esperienza sviluppata dall'incontro tra gli antichi insegnamenti della Tradizione e le moderne teorie psicologiche, si è specializzato nel processo specifico e funzionale delle numerose manifestazioni dell'Essere, ricordando validi strumenti di auto osservazione pratici ed essenziali che, tramite la pratica e una costante indagine del momento Reale, si orientano all'esplorazione tecnica e sistemica della Vera Natura delle cose. Lo Scopo unico di questi trattati e del Lavoro su di sé è il Risveglio della Cosxienza. Ogni via ha la sua valenza ed utilità, benché la Verità sia da sempre assisa in ogni Cuore.
Egli è autore fra l'altro di *Sulle Orme della Vita* (2013), *Orma dopo Orma* (2014), *La Via della Rosa* (2015), *Oltre il Tempo e lo Spazio, Florilegio. Viaggio di un Hermenauta* (2016), *Arketipi in Movimento* (2017).

Bibliografia

Questa bibliografia è atipica.
Qui non trovi un elenco di testi consultati e di autori citati, come un'opera di approfondimento richiederebbe. Il viaggio descritto è quello di cui nei libri trovi solo valide indicazioni che ti permettono, se questa è la tua Aspirazione, di iniziare un cammino. Ma, ricorda, nessun testo scritto da altri può mai sostituire la viva esperienza che incidi dentro di te, attraverso l'esistenza. Ciò a cui possiamo appellarci, in questa atipica bibliografia, è il Ricordo non scritto, che da sempre è assiso nel Cuore degli uomini, e che ci ricollega a chi prima di noi ha levato il passo sul sentiero dell'Essere.
Per questo risulta impossibile citare tutti coloro che, passati, sono stati pervasi dal Ricordo e hanno permesso che questi frammenti e sintesi di Pensiero Vivente giungessero a noi.
Costoro, prescelti e servitori dell'Inconoscibile, originati da un'unica Fonte, sono il ponte atemporale che ci ricorda il nostro essere Divini. Essi, grazie al proprio Lavoro e alle proprie Opere, permettono che la Tradizione Iniziatica riaffiori in ogni possibile era.
È questa stirpe di sacri strumenti che con la sua opera profonde, in questo tempo, agli "operai" del Centro Sperimentale di Pedagogia Evolutiva Sei Altrove la sacra eredità che, immutabile ed Eterna, è incisa a fuoco in ciascuno di noi.
Questa trasmissione è l'unica reale Iniziazione, la sola vera Arte possibile, quella Regale.
Il Ricordo di sé è già in noi, la Radice di Luce sei tu, l'unico atto praticabile è Esserlo.

Lux Radix

Ringraziamenti

Questo libro è frutto di un'esperienza spirituale durata quattro anni, svoltasi dall'estate del 2012 all'estate del 2016 nel Centro Sperimentale di Pedagogia Evolutiva Sei Altrove. Il proposito iniziale di questo percorso era di offrire agli allievi uno strumento semplice e pratico per un concreto Lavoro su di sé. Nel proseguire con l'insegnamento ho sentito la necessità di oggettivare in sintesi le tematiche esistenziali ed essenziali trattate tramite le vive esperienze sviluppate dal gruppo che intanto partecipava in modo attivo al Lavoro. Benché non ci fosse un chiaro intento di raggruppare questi scritti, col passare del tempo essi si sono concretizzati in dispense didattiche, ideate come utili manuali per coloro che nel frattempo prendevano contatto col nostro insegnamento.

In verità, ho percepito da subito che questo materiale sarebbe risultato un prezioso ed utile strumento per attraversare gli impervi e scoscesi sentieri insiti in ogni percorso di Risveglio poiché queste pratiche e i metodi qui trascritti sono scientifici, e se vengono seguiti si ricevono perfetti strumenti evolutivi. Codesta Opera non avrebbe visto luce senza il prezioso ed instancabile dono di tutti coloro che in questi quattro anni hanno reso possibile, con la propria Essenzialità e Aspirazione per il Vero, questo Lavoro. Riconosco inoltre la mia sincera gratitudine per tutti quelli che con la propria azione e dedizione creativa hanno permesso che questo libro potesse concretizzarsi in questa Realtà e portare in modo autentico il profondo messaggio di cui si compone.

Voglio esprimere la mia profonda gratitudine anche per Altrove, luogo di indiscutibile Forza e sede del nostro Centro, che da sempre ci ha accolti e protetti permettendo, grazie ai suoi autentici "scenari", questa singolare sperimentazione della Realtà.

Ringrazio l'Essenza Eterna presente nel Cuore di tutte le cose che attimo dopo attimo, cosxienti o meno, ci anima, ci compone, ci muove e ci commuove.

Hermes

Istantanee d'Altrove

2017: il Gruppo Altrove

La struttura in pietra
sede del Centro

Frey e l'orto

Rosa d'Altrove

Mocho a ripristino

Yapos, essenza e alchimia

Hermes e Enohel:
improvvisazioni ispirate

Beby Bif

Mel:
contemplazioni ritmiche

Il Gruppo:
mietitura di salvia per olio essenziale

Interno Aula Didattica

Leone d'Altrove:
simbologia di Thelesma (Potere della Madre Divina)
Ignis
Renovatur
Naturam
Integritate

Della stessa Collana:

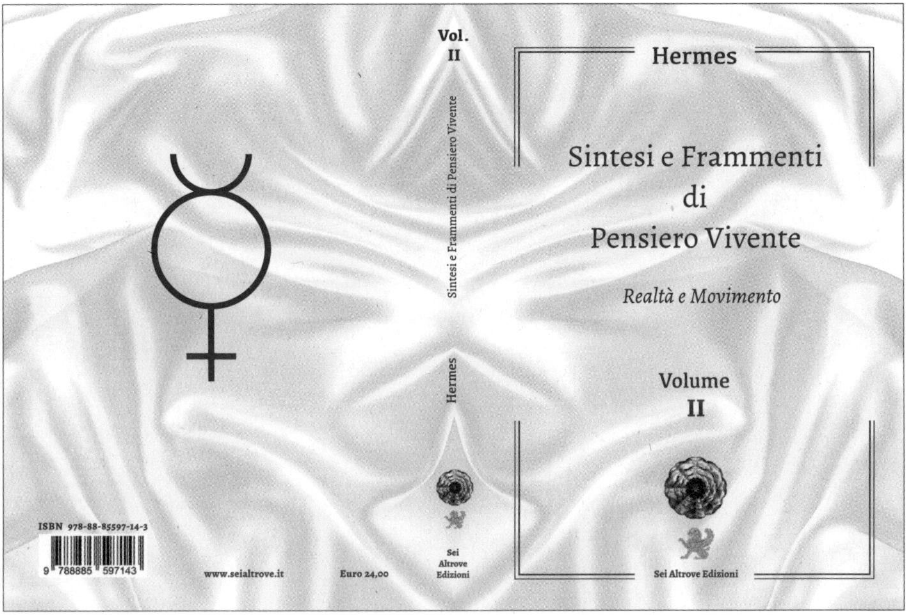

Sintesi e Frammenti di Pensiero Vivente

Realtà in Movimento

Volume II

Tavole V - VI - VII - VIII

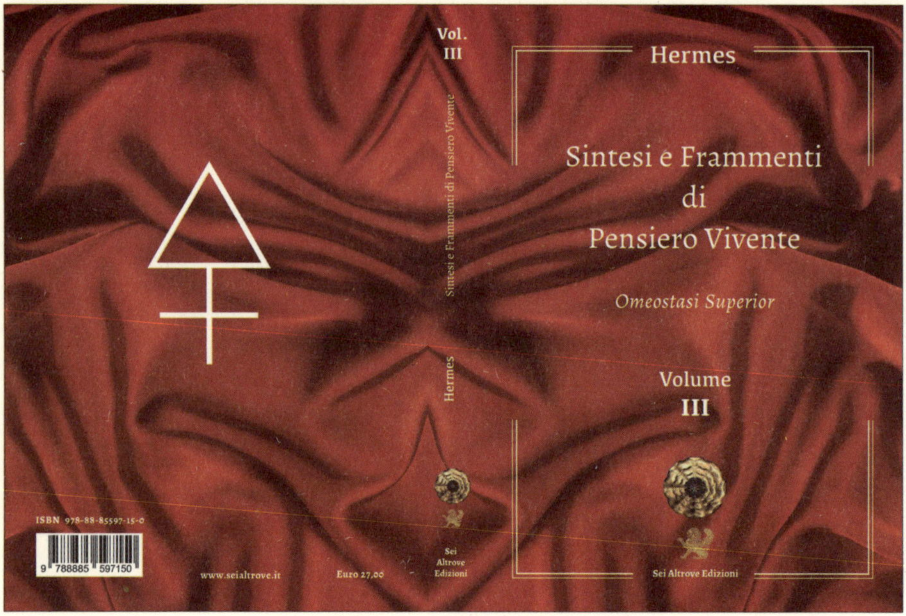

Sintesi e Frammenti di Pensiero Vivente

Omeostasi Superior

Volume III

Tavole VIIII - X - XI - XII - XIII

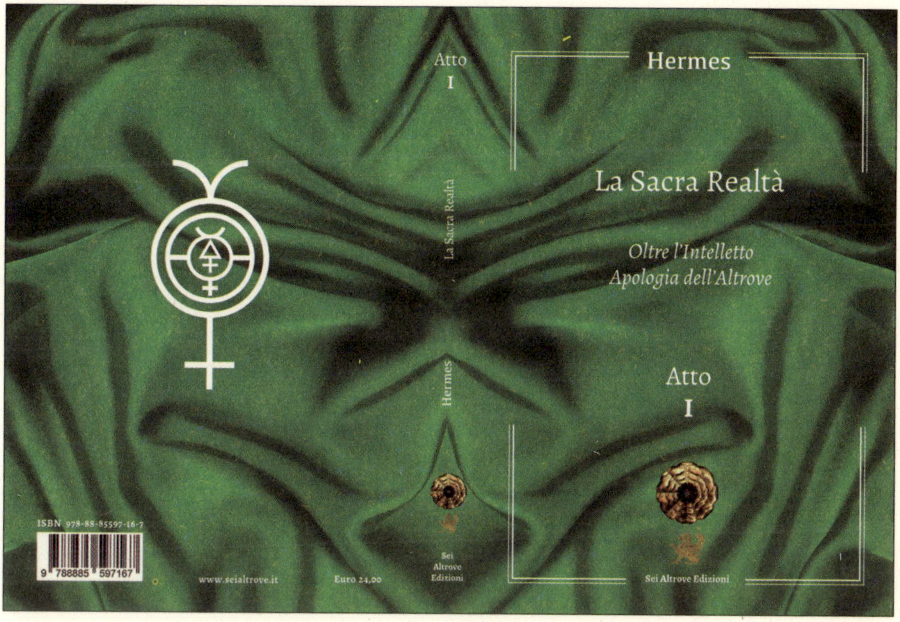

La Sacra Realtà

Oltre l'Intelletto
Apologia dell'Altrove

Atto I

La Sacra Realtà

L'Avvento dell'Uomo
N-Uovo

Atto II

Florilegio

Viaggio di un Hermenauta

Hermetici Canti scritti di petto, come preghiere e come odi, dedicati al Padre Sole, alla Madre Terra, a tutta la magnificenza del Creato, visibile e invisibile. Se leggo in silenzio, senza giudizio e in ascolto totale, percepisco un suono nuovo... è l'Anima che freme chiamata dall'Essere e il senso del viaggio diviene sempre più vicino.

Indice

Stampato nel mese di novembre 2017
presso la tipografia Valentini - Cadoneghe (PD)
via D. Gallani, 17 - tel. 049.702033
tipografiavalentini@protec.it
www.tipografiavalentini.it